Camille Hammerich

Lebe deine Träume

Was ist Networkmarketing
und wie erreicht man Erfolge?

Vom Dänischen ins Deutsche übersetzt von

Lone Abrahamsen Frantzoulis

Danke

Ich danke dem Leben, sowie ich auch allen wundervollen Menschen danke, die mein Leben zusätzlich bereichern.

Ich danke euch dafür, dass ihr mich darin unterstützt, meinen Traum zu leben.

Ich lebe meine Träume und hoffe, du tust es auch.

Dieses Buch habe ich mit einer großen Verbundenheit und Liebe zu einer Branche geschrieben, von der ich immer ein Teil sein werde.

Ich schrieb es in der Hoffnung, der Branche einen besseren Ruf verleihen zu können und alle daran zu erinnern, dass es in unser aller Verantwortung liegt, gut auf diese Branche achtzugeben.

Ich hoffe, du empfindest das Buch als hilfreich und lehrreich.

Camille

Inhaltsverzeichnis

Das habe ich noch nie gemacht-das kann ich bestimmt.

Astrid Lindgren, Pippi Langstrumpf

Kapitel 1

Meine Kindheit.

1971 ist mein Geburtsjahr. Meine Eltern arbeiteten beide in Branchen, die sie mit Zufriedenheit erfüllten. Mein Vater war selbständiger Gärtner und meine Mutter arbeitete mit ihrem Hobby als Strickdesignerin für eine große Frauenzeitschrift. Ich habe erlebt, dass es Menschen am besten geht, wenn sie sich mit Dingen beschäftigen, für die sie sich begeistern.

Ich machte eine Ausbildung, hatte aber noch keine Ahnung, worin meine Leidenschaft besteht, bevor ich nach abgeschlossener Ausbildung, eine Festanstellung am Ministerium für Soziales bekam. Ich bekam eine Leitungsposition und war zuständig für alle anliegenden Konferenzen. Ich liebte jeden Tag in meinem Job.

2000 kam mein Sohn zur Welt. Bis dahin liebte ich meinen Job und hatte Pläne, mich in diesem Bereich selbständig zu machen. Doch durch die Geburt meines Sohnes starb dieser Plan auf ganz natürliche Weise.

Das Schicksal brachte uns für eine Zeit lang in die USA. Mein Sohn Christoffer verbrachte sein erstes Lebensjahr dort. Ich war zu Hause und herzte ihn den ganzen Tag. Ich empfand es als unbeschreibliches Privileg, diese erste Zeit so intensiv mit meinem Sohn erleben zu dürfen, zumal ich die Hoffnung auf ein eigenes Kind schon aufgegeben hatte. Als ich mit 29 Jahren endlich schwanger wurde, gab es für mich nicht den geringsten Zweifel, ich wollte Vollzeitmutter sein. Meine Pläne, selbständig zu werden, wurden erst einmal at acta gelegt.

Mein Sohn wurde meine Passion, zum Mittelpunkt und zur wichtigsten Aufgabe meines Lebens. Einen gesunden Sohn zu gebären, mit ihm ganz viel Zeit verbringen zu können und ihn von Anfang an mit ganz viel Selbstwertgefühl und Liebe zu füllen, war für mich die Erfüllung.

Heute darf ich mir selbst auf die Schulter klopfen, da ich heute einen 18-jährigen jungen Mann meinen Sohn nennen darf, der sein Leben äußerst gut meistert, ein sehr gesundes Selbstwertgefühl besitzt und den ich über alles liebe. Er ist mit einer Mutter aufgewachsen, die genau wie meine eigenen Eltern, ihrer Leidenschaft gefolgt ist, indem sie immer auf sich selbst gehört hat, was richtig und was falsch ist und auch danach gehandelt hat.

Als wir aus den USA zurückkehrten, musste ich eine neue Passion im Leben finden. Mein Traum, mit einem Konferenzbüro selbständig zu sein, ließ sich nicht damit vereinen, alleinerziehend zu sein.

Ich weigerte mich, 37 Stunden pro Woche arbeiten zu müssen und meinen Sohn nur ein paar Stunden täglich in wachem Zustand sehen zu können. Ich wurde selbständig und bekam die Möglichkeit, für eine dänische Firma zu arbeiten, indem ich durch Networkmarketing Kleidung verkaufte.

Heute lebe ich meine Leidenschaft und habe meinen Platz gefunden. Vor diesem Buch schrieb ich das Buch „Get yourself a job", das davon handelt, seine Passion im Leben zu finden und dieser auch zu folgen. Es handelt sich um eine Art Nachschlagewerk, wo man erfährt kann, wie ich es erreicht habe, dieses fantastische Leben, das ich heute habe, leben zu dürfen. Ein Leben als Schriftsteller, Vortragshalter und Teamleiter in einer Networkmarketing- Firma.

Das Glück wird niemals kleiner dadurch, geteilt zu werden.

Kapitel 2

Meine Karriere in der Networkmarketingbranche.

Auf dem Gymnasium hörte ich zum ersten Mal von Networkmarketing. Ich ging damals auf ein Handelsgymnasium und mein damaliger Freund ging in die Parallelklasse zusammen mit Jørgen. Jørgen berichtete von der Branche und davon, dass man in dieser Branche innerhalb kürzester Zeit sehr viel Geld verdienen könne. Damals ging es um ein Gesundheitsprodukt, vom dem man unter anderem abnehmen konnte.

„Du brauchst dich nur als selbstständiger Vertriebspartner betätigen und dann kommt das Geld ganz von allein."

Das war ja fast zu gut, um wahr sein zu können, dachte ich und musste dann auch feststellen, dass das absolut nicht der Wirklichkeit entsprach.

Aber meine Neugierde war geweckt und mit ihr der Gedanke, diese Branche könnte eine Möglichkeit für mich sein, selbständig zu werden. Ich nahm teil an einem Treffen, wo ich introduziert wurde, wie man -nach heutigem Stand auf sehr amerikanische Weise- ein Produkt verkaufte. Das Produkt war gut und die Möglichkeit, Geld damit zu verdienen, war groß. Es war die Rede von schwindelerregenden Summen und teuren Autos. Man brauchte angeblich nur damit anzufangen, selbstständiger Vertriebspartner zu werden und mit seinen Freunden und seiner Familie zu sprechen.

Gesagt, getan. Meiner Meinung nach brauchten alle dieses Produkt. Aber zuerst musste ich mich selbst mit dem Produkt vertraut machen und da ich stets auf Diät war, verwendete ich das Produkt selbst und nahm auch ab. Es bestand aus zahlreichen Vitaminen und Ballaststoffen und ich spürte schnell einen guten Effekt des Produktes. Da ich davon überzeugt war, dass alle Menschen dieses Produkt brauchten, sah ich auch die Möglichkeit, viel Geld verdienen zu können.

Im Vorfeld verkaufte ich bereits Unterwäsche an meine Freundinnen durch Homeparties und war es daher gewohnt, „Geld an meinen Freunden zu verdienen". Selbst war ich auch stets dazu bereit, meine Freunde zu unterstützen, wenn ich eins ihrer Produkte gebrauchen konnte.

Das Produkt war damals noch nicht in Dänemark zugelassen. Ein Journalist bekam Wind davon, dass das Produkt nach Dänemark gekommen war und schon bald war das Produkt auf der Vorderseite einer großen dänischen Zeitung. Ich musste erkennen, dass ich nicht dazu in der Lage war, gegen die Macht der Presse anzukämpfen. Auf jeden Fall nicht zum damaligen Zeitpunkt. Ich warf das Handtuch und stellte den Verkauf des Produktes ein. Ich selbst nahm das Produkt jedoch noch viele Jahre lang zu mir.

So stiftete ich zum ersten Mal Anfang der 90er Jahre Bekanntschaft mit der Networkmarketingbranche, die auch MLM (multi level marketing) genannt wird. „Multi" bedeutet mehrere, „Level" steht für Niveau und „Marketing" handelt davon, wie man ein Produkt oder einen Service von der Firma zum Verbraucher schafft.

Es sollten einige Jahre vergehen, bevor ich erneut mit der Branche konfrontiert wurde.

Dies geschah erst 2004, als ich aus den USA zurückkehrte, nachdem ich dort in Philadelphia meinen Mutterschutz mit meinem Sohn Christopher verbracht hatte.

Eine ehemalige Schulfreundin rief mich an und berichtete von einer dänischen Kleidungsfirma, die ihre Produkte mithilfe von Networkmarketing an Frauen verkaufte. Sie erzählte davon, dass jeder die Möglichkeit habe, die Kleidung zum Einkaufspreis zu kaufen. Das Konzept war ganz neu in Dänemark und dieses Mal waren alle Produkte zugelassen. Ich war sehr interessiert und schon ein paar Tage später traf ich das Ehepaar Jane und Kristian. Beide waren äußerst sympathisch und kamen mit ihrer gesamten geschmackvollen Kollektion zu mir nach Hause.

Ich hatte ein paar Freundinnen eingeladen und zwei von uns bestellten sofort Kleidung, um diese verkaufen zu können und um andere zu finden, die ebenfalls die Kleidung verkaufen wollten. Ganz schnell wurde dieses Geschäft für uns beide zu einer Goldgrube. Das Konzept war genial, entweder wurde man fester Kunde und bekam die Kleidung zum Einkaufspreis, ohne Bindungen, oder man konnte die Kleidung direkt durch mich kaufen, ohne Zwischenhändler. Es ging super schnell. Allen meinen Freundinnen und meinem gesamten alten Netzwerk stattete ich Besuche ab und verkaufte wie nie zuvor.

Doch 2007 bekam ich plötzlich einen Anruf. Der Inhaber der Firma war persönlich bankrottgegangen und jeglicher Handel wurde mit sofortiger Wirkung unterbunden. Das war ein riesiger Schock. Meine gesamte Einkommensgrundlage war weg. Hier beschloss ich, nie wieder mit Networkmarketing zu arbeiten.

2010 lernte ich jedoch gesundheitsfördernde Produkte kennen, die zugelassen waren und himmlisch schmeckten. Zum damaligen Zeitpunkt hatte ich eine Boutique in Roskilde und beschloss, der Branche doch noch eine Chance zu geben.

Ich erlebte selbst einen guten Effekt des Produktes und wusste, dass ich es verkaufen konnte, da ich selbst positive Erfahrungen mit dem Produkt gemacht hatte.

Nach einem Jahr hörte ich jedoch damit auf, die Produkte zu verkaufen, da das dänische Team, in dem ich arbeitete, begann, mir zu diktieren, wie ich verkaufen sollte. Ich MUSSTE ständig meine selbstständigen Vertriebspartner anrufen und Druck auf sie ausüben, damit sie neue selbstständige Vertriebspartner und Kunden fanden. Da ich nicht dazu bereit war, auf andere Menschen Druck auszuüben, sagte ich das auch. Das resultierte dann darin, dass sie selbst meine selbstständigen Vertriebspartner anriefen und Druck auf sie ausübten. Nach kurzer Zeit und nachdem ich mehrmals ohne Erfolg darum gebeten hatte, dies zu unterlassen, zog ich mich aus der Firma zurück.

2013 kam eine gute Freundin mit einem neuen, fantastischen Produkt. Ein Produkt einer Firma, die es noch nicht offiziell in Dänemark gab und von der ich ein Teil werden konnte. Es war jedoch für mich nicht der richtige Zeitpunkt. Ich hatte viele andere Projekte laufen.

Im Februar 2014 werden Firma und Produkt in Dänemark zugelassen und meine Freundin war in vollem Gange. Ich verfolgte das Ganze nebenbei und sah, welchen Erfolg sie hatte. Im Mai fing ich dann doch auch in der Firma an und erzielte innerhalb von drei Monaten eine Position, die nur zwei Prozent erreichten. Nach erneuten drei Monaten hatte ich eine Position inne, die nur ein Prozent erreichte. Niemand hatte mir erzählt, dass es schwer sein könnte und ich war voller Elan. Der in Aussicht gestellte Bonus spornte mich zusätzlich an. Das ist nicht besonders dänisch, aber wir sind alle verschieden und ich mag es, für meinen Einsatz belohnt zu werden. Ich war wahnsinnig begeistert, sowohl vom Produkt als auch von der Firma und das war für alle spürbar. Alle, die mir begegneten, wurden entweder Kunden oder selbstständige Vertriebspartner. Alle spürten meine positive Energie und wollten daran teilhaben.

Ich hatte zwar die notwendige Energie, doch nicht die Gründer der Firma, wodurch das Kartenhaus zusammenfiel. Meine Position in der Firma konnte ich dadurch auch nicht halten. Zum Schluss war ich nicht mehr dazu in der Lage, einem anderen Menschen in die Augen zu blicken und zu sagen, dass man in der Firma viel Geld verdienen könne, denn das tat ich selbst nicht mehr.

Außerdem war die gute Energie nicht länger spürbar, die ich vorher für sowohl Produkt als auch Firma hatte. Ich muss zu 100 Prozent für eine Firma und ihre Produkte einstehen können, um weiterhin meine kostbare Zeit dafür zu verwenden.

Aus diesen Gründen kehrte ich der Firma Ende 2016 den Rücken zu.

Anfang 2017 bekomme ich erneut die Möglichkeit, eine neue Firma und deren Produkte in Dänemark zu lancieren.

Wieder ist es eine gute Freundin, die von der Firma gehört hat und mich fragt, ob ich Lust hätte, mir die Firma und die Produkte anzugucken. Und dieses Mal sage ich sofort zu.

In dieser Firma bin ich auch zum jetzigen Zeitpunkt, während ich mein Buch schreibe.

Ich habe bis zum heutigen Tag viele verschiedene Branchen kennengelernt. Sie alle haben mich zu einem Networker geschult. Auf meinem Weg hierhin habe ich alle gefragt, ob sie teilnehmen wollen an meiner Reise durch Networkmarketing. Ich habe Unmengen an guter Energie für Menschen verwendet, die gar nicht dazu bereit waren, diese Reise anzutreten, die zum Schluss aber häufig „ok" sagten, um mich zum Schweigen zu bringen. Ich habe sogar meinen Vater als selbstständigen Vertriebspartner geworben, um meinen Rang zu halten. Ich habe alle die Fehler gemacht, die man meiner Meinung nach in der Branche begehen kann und habe daraus gelernt.

Heute habe ich die richtige Balance in und mit der Branche gefunden. Ich frage niemanden mehr, ich benutze meine Energie nicht verkehrt und werbe niemanden, um selbst etwas zu erreichen.

Heute habe ich den Erfolg, den ich mir wünsche. Und die Art und Weise, wie ich in dieser Branche Erfolg habe, möchte ich durch dieses Buch teilen.

Ich hoffe, du wirst von diesem Buch, das meine Erfahrungen und Haltungen enthält, inspiriert. Darüber hinaus beinhaltet das Buch die diversen Werkzeuge und Mittel, die mich zum Erfolg bringen und gebracht haben und die mir dabei helfen, mein Team wachsen und immer stärker werden zu lassen.

Im Leben geht es darum, im Jetzt zu leben, sich auf die Zukunft zu freuen und aus der Vergangenheit zu lernen.

Kapitel 3

Network Marketing.

Die Branche existiert seit den 1920´ern und man nimmt an, dass heute über 100 Millionen weltweit in dieser Branche leben. Es handelt sich um eine riesige Industrie, die von Jahr zu Jahr wächst. Immer mehr Menschen werden Firmen aufsuchen, die sich des Network Marketings bedienen, um ihr Produkt von der Firma direkt zu Kunden senden zu lassen, die durch ihr Netzwerk mit dem Produkt bekannt gemacht wurden.

Aber was ist Network Marketing eigentlich?

In aller Einfachheit handelt es sich hierbei um eine Form der Verteilung eines Produktes oder einer Dienstleistung. Es ist also lediglich eine andre Form des Verkaufs. In den meisten Fällen sind Verkäufer angestellt, die die Produkte von den Regalen des Geschäfts verkaufen sollen.

Die Firma hat einen Verkäufer angestellt, der dafür sorgen soll, dass das Produkt im Sortiment des Geschäfts und somit dort im Regal landet. So ein Verkäufer muss bezahlt werden und auch das Geschäft muss an dem Produkt verdienen können.

Das Produkt wird an den Kunden verkauft, der eventuell durch eine Reklame auf das Produkt aufmerksam gemacht wurde. Oft wird ein Produkt auch gekauft, weil die Person dieses durch einen Bekannten empfohlen bekommen hat. In wieder anderen Fällen benötigen wir das Produkt ganz einfach.

Der Preis des Produktes beinhaltet somit den Gewinn des Geschäfts, den Lohn des Verkäufers, den Transport zum Geschäft, Marketing durch Annoncen und ähnliches und natürlich auch den Gewinn des Herstellers.

2018 hatte Network Marketing einen geschätzten Totalumsatz von 178 Milliarden US Dollars weltweit.

Firmen, die sich des Network Marketings bedienen, verkaufen in den meisten Fällen über online Bestellungen. Auf diese Weise müssen die selbstständigen Vertriebspartner nicht selbst über ein Warenlager verfügen. Auch mit dem Verschicken und Zurücknehmen von Waren haben sie nichts zu tun. Sie sind ausschließlich für die Vermittlung des Produktes zuständig und verweisen auf den Webshop, über den das Produkt zu beziehen ist.

Einige Firmen wünschen, dass das Produkt auch direkt von dem selbstständigen Vertriebspartner an den Kunden verkauft werden kann. Dazu muss aber eine Genehmigung des entsprechenden Landes erteilt werden. Zum Beispiel ist das bei Nahrungsergänzungsmitteln der Fall.

Die Branche konfiguriert unter verschiedenen Namen, wie:

Network Marketing

Empfehlungsmarketing

MLM (Multi Level Marketing)-Marketing über mehrere Level

Direct sale- Direktverkauf

Strukturvertrieb

In allen Fällen handelt es sich darum, dass ein Produkt für Menschen von Menschen empfohlen wird.

Anstatt in Annoncen und Kendisreklamen zu investieren, wird Geld in die Menschen investiert, die ein Produkt in ihrem Netzwerk weiterempfehlen wollen.

Zwischen 40 und 60 Prozent des Umsatzes werden in diesen Firmen den Menschen zuteil, die ihre Zeit gebrauchen, um das Produkt in ihrem Umgangskreis zu empfehlen. Dies bezeichnet man als Vergütungsplan.

Diese Firmen machen letztendlich nichts anderes, als was wir im täglichen Leben tun.

Wir empfehlen ein Produkt, ein Erlebnis oder eine Dienstleistung an unsere Freunde und Bekannten, wenn wir ein positives Erlebnis hatten. Wir haben großes Vertrauen in Menschen, die uns nah stehen. Wenn also ein Freund uns ein Produkt empfiehlt, mit dem er selbst gute Erfahrungen gemacht hat, nehmen wir häufig an, dass es auch für uns gut ist.

Man geht davon aus, die Branche wird in den nächsten fünf bis zehn Jahren explodieren. Den Firmen ist durchaus bewusst, dass die Empfehlungen zwischen uns Menschen einen großen Wert innehaben. Viele Firmen bieten inzwischen einen einmaligen Betrag an, wenn man als Kunde einen neuen Kunden wirbt.

Eine dänische Firma, die Alarmanlangen verkauft, bezahlt 150 Euro, wenn ein Kunde einen neuen Kunden wirbt. Das ist eine günstige Art des Marketings und freut zudem die Person, die lediglich durch eine Empfehlung etwas Geld verdient hat.

Und ja, natürlich gibt es auch die Skeptiker, die diese Form des Marketings als Schneeballsystem bezeichnen. Doch ist definitiv nichts Gesetzwidriges daran, wie Network Marketingsfirmen ihre Produkte lancieren. Schneeballsystemfirmen handeln gesetzwidrig, da es kein physisches Produkt gibt. Das jedoch gibt es in den meisten Network Marketingsfirmen.

Dieses Buch, mit den verschiedenen Stufen, die ich später näher erläutern werde, kann von allen benutzt werden, in allen Branchen.

Denn diese Branche handelt in Wirklichkeit von Selbstentwicklung und dem Prozess dorthin. Ich bin davon überzeugt, dass es von elementarer Bedeutung ist, dass wir uns im Leben weiterentwickeln, um Erfolg haben zu können. Und zwar in dem eigenen, ganz individuellen Tempo. Und diese Branche hat den Ruf, die persönliche Entwicklung auf dem Programm zu haben, was ebenfalls ein Grund ist, warum mir diese Branche so sehr zusagt.

Davon abgesehen können meine verschiedenen Stufen auf dem Weg der Selbstentwicklung aber auch in jeder anderen Branche angewandt werden.

Ich habe den Titel meines Buches „Lebe deine Träume- Was ist Networkmarketing und wie erreicht man Erfolge?" aus dem Grund gewählt, weil man in dieser Branche viel von seinen Träumen spricht. Alle Menschen haben Träume und leider erlebe ich nicht sehr oft, dass Menschen sich trauen, ihre Träume zu verfolgen und danach zu handeln. Vielleicht, weil viele Menschen denken: „Ach, wer bin ich schon, was bilde ich mir ein?"

„If you can dream it-you can do it."

Wir alle können unsere Träume und Ziele verwirklichen, wenn wir auch danach handeln. Wir müssen ihnen dankbar sein, denn sie sind der Grund, uns selbst in die richtige Richtung zu schubsen.

Die ganze Woche warten wir darauf, dass es Freitag wird,

das ganze Jahr auf den Sommer

und das ganze Leben auf das Glück.

HÖR AUF damit und beginne zu leben...

Kapitel 4

Die Liebe zur Branche.

Persönliche Entwicklung-Freiheit-Gemeinschaft-Reisen-Erlebnisse

Das sind die wichtigsten Gründe, weswegen ich die Branche liebe.

Man braucht weder Studium noch Ausbildung, um anzufangen. Aber in dem Moment, wo man in der Branche beginnt, fängt die Ausbildung für die meisten an.

Als ich mit meinen Recherchen zu diesem Buch anfing, fragte ich die Leute, die ich in dieser Branche kenne, warum sie gerade diese Branche gewählt haben. Alle waren sich einig: Wegen der persönlichen Entwicklung.

Die Branche ist bekannt für Entwicklung, Gemeinschaft und Reisen.

Wir können alle in dieser Branche arbeiten. Hier geht es weder um gute Noten noch um akademische Grade. Hier zählen ganz andere Elemente. Hier stehen menschliche Werte und Echtheit im Vordergrund. Es geht um Relationen und um neue Bekanntschaften. Es geht darum, sich gegenseitig zu helfen und darum, große Träume zu haben und Großes zu erreichen, sofern man dazu bereit ist, dafür auch zu schuften und an und mit sich zu arbeiten.

Ich liebe es, anderen Menschen zu helfen.

Ich liebe es, entsprechend meiner Leistung entlohnt zu werden.

Ich liebe es, dass der Lohn keine Grenze nach oben hat.

Ich liebe es, dass ich meine kostbaren Stunden duplizieren kann- im Gegensatz zu anderen Jobs, wo man für eine Arbeitsstunde einen Stundenlohn bekommt.

In dieser Branche kann ich meine neuen selbstständigen Vertriebspartner/ meine Teammitglieder anlernen.

Ich kann ihnen erklären, wie die Firma arbeitet und schon bald wird dieses Wissen an neue Mitglieder weitergegeben, indem sie von meinem Teammitgliedern geschult werden. Meine Schulung des Einzelnen wird also dupliziert und somit sind die Stunden, die ich investiert habe, sehr gut ausgegeben.

Ich liebe es, selbst bestimmen zu können, mit wem ich zusammenarbeiten möchte.

Ich liebe es, selbst bestimmen zu können, wie viel ich verdiene.

Ich liebe es, arbeiten zu können, wenn ICH Lust dazu habe.

Ich liebe es, überall in der Welt arbeiten zu können, solange eine gute Internetverbindung vorhanden ist.

Ich liebe es, dass meine duplizierte Zeit mir auch ein Einkommen verschafft.

Ich liebe es, dass jeder für sich selbst wählen kann, ob er eine Stunde oder 37 Stunden pro Woche arbeiten will.

Ich bin Fan…

Schreibe hier, warum auch du die Branche liebst, warum sie dir zusagt:

_____

_____

_____

_____

Aber die Branche ist nicht für alle geeignet.

Alle können anfangen, aber ich meine, es gibt Menschen, die sich weit von der Branche entfernt halten sollten. Die, die sich nicht selbst weiterentwickeln wollen, sich nicht verändern wollen, nicht umdenken wollen.

Deswegen frage ich niemals, ob Leute mit in die Branche einsteigen wollen.

Ich möchte nicht mit Menschen arbeiten, die im Innersten nicht dazu bereit sind, auf eine Reise der Selbstentwicklung zu gehen.

Aber ich säe gerne Samen bei einer Person, mit der ich gerne arbeiten möchte. Soll dieser Samen auch keimen, bin ich jeder Zeit dazu bereit, der Person dabei zu helfen, die für sich richtige Entscheidung treffen zu können: Network Marketing ja oder nein?

Ich stelle gerne folgende Fragen:

Wie geht es dir damit, etwas zu verkaufen?

_____

_____

_____

Wie geht es dir mit Hindernissen?

_____

_____

_____

_____

Liest du Bücher über Selbstentwicklung?

Welche?

_____

_____

_____

_____

Wie häufig liest du?

_____

_____

Wie geht es dir mit Wiederholungen?

_____

_____

_____

_____

_____

Was versprichst du dir von der Branche?

_____

_____

_____

_____

Wie beharrlich bist du mit Zielen, die du erreichen willst?

_____

_____

_____

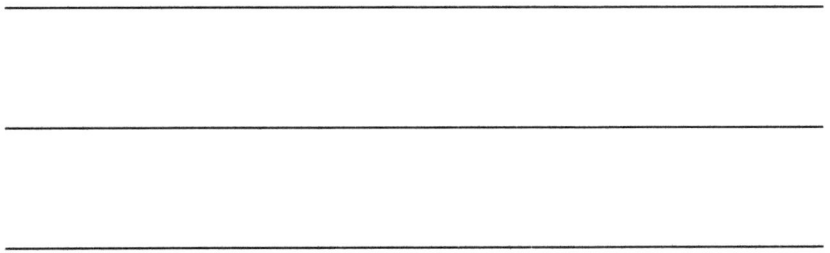

Auf den Verkauf gehe ich später noch ein. Es ist jedoch wichtig, dass es einem zusagt, etwas zu verkaufen, einen guten Service zu leisten und sich sowohl vor dem Verkauf, während des Verkaufes als auch nach dem Verkauf, um den Kunden zu kümmern.

In allen Bereichen des Lebens gibt es Hindernisse und Widerstände. In dieser Branche sind es oft die inneren Konflikte des einzelnen, die den größten Widerstand ausmachen. Sitze ich vor einer Person, frage ich sie immer, wie sie reagiert, sollten Hindernisse und Widerstände auftreten. Wollen sie weglaufen oder eine Lösung finden?

Als Teamleiter und Mensch, wünsche ich mir, dass alle Menschen Erfolg haben mit dem, womit sie arbeiten. Es liegt in meiner Verantwortung, vom ersten Gespräch an ehrlich und aufrichtig zu sein. Ehrlich darin, ob ich denke, die Person wird in meinem Team und in der Firma Erfolg haben oder nicht.

Und ich bin ehrlich. Ich erkläre der Person, warum es meiner Meinung nach besser wäre, auf einen anderen Zeitpunkt zu warten oder die Finger ganz von der Branche zu lassen. Ich bin immerhin diejenige, die die Person schulen muss. Sind die Widerstände zu groß, wird es vielleicht auch für mich zu energieraubend und wird somit für keinen von uns zum Gewinn.

Ich sehe es so wie ein Vorstellungsgespräch. Ich sage ehrlich, was es heißt, als selbstständiger Vertriebspartner zu beginnen, sowohl menschlich als auch zeitmäßig.

Und wenn ich dann auf Widerstand treffe und die Person selbst einsieht, dass die Branche doch nicht für sie in Frage kommt, ziehen die meisten Menschen sich von selbst zurück.

Einige kommen mit der Erwartungshaltung, monatlich 6000 Euro zu verdienen und gerne schon kurz nachdem man in der Firma begonnen hat. Dann frage ich immer, wie viele Stunden die Person wöchentlich arbeiten will, um dieses Ziel erreichen zu können.

Viele sagen zwei bis fünf Stunden pro Woche. Und dann stelle ich eine Gegenfrage: Wieviel verdienst du in deinem jetzigen Job (37 Stunden pro Woche). Antworten sie 4500 Euro, frage ich sie, ob sie selbst die Utopie in dieser Annahme hören können.

37 Stunden pro Woche- 4500 Euro pro Monat

Wie sollen dann zwei bis fünf Stunden wöchentlich zu 6000 Euro monatlich werden?

In den meisten Fällen verstehen die Personen das Beispiel sofort.

Man muss damit rechnen, dass es zwischen zwei bis fünf Jahre dauert, um auf eine Summe von 6000 Euro zu kommen und dass dies in den meisten Fällen zehn bis 15 Stunden wöchentlich erfordert.

Ich vergliche Network Marketing damit, eine Ausbildung oder ein Studium durchzuführen. Wenn man zum Beispiel Medizin studiert, dauert es viele Jahre, bis man dann wirklich Geld verdient. In der Zwischenzeit ist es harte Arbeit, die viele, viele Stunden fordert. Und es wird auch Zeiten geben, wo man sich für einige Themen mehr und für andere weniger interessiert. Genauso wie in der Schule, wo es Lieblingsfächer und Hassfächer gibt. Aber alle Fächer und Themen müssen durchgenommen werden, um auf eine Summe von 6000 Euro monatlich kommen zu können.

Du wirst in allen Fächern geprüft, um dein Studium erfolgreich abschließen zu können.

Das Studium in dieser Branche ist doch eher menschlich als fachlich. Aber natürlich müssen auch gewisse praktische Erfahrungen gemacht werden, um in der Branche Erfolg haben zu können.

Indem man etwas wagt, verliert man für kurze Zeit den Boden unter den Füssen.

Wenn man nichts wagt, verliert man sich selbst.

Kapitel 5

Die Wahl der richtigen Firma.

Für dich und deine Zukunft ist die Wahl der Firma ausschlaggebend und daher ist es von enormer Wichtigkeit, die richtige Firma zu wählen.

Dass man dann nach Jahren oder auch schon nach Monaten doch eine andere Firma wählt, kann viele verschiedene Gründe haben.

Bevor du überhaupt anfängst, musst du für sowohl die Firma als auch deren Produkte einstehen können.

Es gibt fünf Punkte, die es zu berücksichtigen gibt, bevor du eine Firma wählst. Sollten zwei bis drei der Punkte nicht in Ordnung sein, solltest du gut in dich reinhorchen, ob es sich hierbei wirklich um die richtige Firma handelt.

Wirtschaftlicher Stand der Firma:

Aus eigener Erfahrung weiß ich, dass es eine gute Idee ist, sich mit dem wirtschaftlichen Stand einer Firma zu beschäftigen, bevor man eine Wahl trifft. Wie alt ist die Firma, hat die Firma Schulden, gibt es Klagen etc.

Bei Firmen, die jünger als zwei bis drei Jahre sind, ist besondere Vorsicht geboten. Hier sollte man einen sehr genauen Blick auf die wirtschaftlichen Verhältnisse der Firma werfen. Besteht die Firma seit über drei Jahren und hat sie die Startphase ohne Schulden und Klagen überstanden, ist die Wahrscheinlichkeit eines weiteren Bestehens gegeben.

Wie hoch ist der Firmenumsatz?

Als Faustregel gilt, dass es ein guter Zeitpunkt ist, in eine Firma einzusteigen, wenn diese für monatlich ein bis zwei Millionen Dollars umsetzt. Diese Periode nennt man auch „the sweet spot periode".

Hier ist die Firma noch nicht besonders groß, doch gibt es genug wirtschaftliches Volumen, um davon sprechen zu können, dass die Firma und das Produkt funktionieren.

Das Produkt:

Auf welche Weise zieht mich das Produkt an?

Ist das Produkt zeitgetreu?

Handelt es sich um einen kleinen Anteil einer enormen Industrie oder um einen kleinen Anteil einer kleinen Industrie?

Ein Beispiel sind Produkte zur Gewichtsreduzierung. Wir werden immer dicker. Fettleibigkeit wird ein immer größeres Problem. Hierbei handelt es sich um eine enorme Industrie und daher ist die Wahrscheinlichkei, Erfolg zu haben, bei einem solchen Produkt groß.

Wie wird das Produkt an den Kunden herangetragen? Durch Homeparties oder Onlinepräsentationen? Was spricht dich an?

Wenn du es liebst, Homeparties im häuslichen Rahmen zu veranstalten, solltest du dir natürlich eine Firma aussuchen, die genau dieses Konzept vertritt.

Bevorzugst du es jedoch, zu Hause deinen Computer hochzufahren und mithilfe einer Onlineplattform eine Präsentation von deinem Sofa aus zu machen, die den Kunden auf seinem Sofa erreicht, musst du nach einer Firma mit eben diesem Konzept Ausschau halten.

Ausbildung:

Wie bildet die Firma ihre selbstständigen Vertriebspartner aus?

Wie lernt man, neue Kunden und selbstständige Vertriebspartner zu werben?

Wie fühlt sich dieses Konzept für dich an?

Lass mich mit einem Beispiel kommen: Sollte die Firma den Stil haben, den ich in einer meiner alten Firmen erlebt habe, nämlich dass die selbstständigen Vertriebspartner nahezu dazu genötigt wurden, neue selbstständige Vertriebspartner zu werben, würde sich alles in mir wenden und ich würde dankend ablehnen.

Schau dir auch an, wie die deutschen Teams ihre Teams ausbilden. Scheue dich nicht, Fragen zu stellen. Gefällt dir die Art? Willst du auch so arbeiten?

Es geht hier um dein Geschäft. Es muss dir zusagen, dich ansprechen, wie geworben und ausgebildet wird, sonst gehst du selbst kaputt. Denn oft ist es nicht möglich, anders zu arbeiten, als es von der Firma vorgegeben wird.

Kultur:

Auch die Kultur der Firma ist von großer Wichtigkeit. Ist es eine Firma, die schlecht über andere Firmen/Produkte spricht, um sich selbst zu profilieren? Sagt dir das nicht zu? Dann sei vorsichtig.

Die Kultur der Firma, ist oft die, die auch in den Teams in der ganzen Welt gelebt wird.

Wie ist die Kultur deines Teams?

Was sagt dein Bauchgefühl?

Wie ist die Einstellung, anderen in der Firma zu helfen, auch wenn sie nicht Teil des eigenen Teams sind?

Ist die Grundstimmung gut?

Horche gut in dich hinein. Mit diesen Menschen wirst du viel Zeit verbringen, auch wenn es Meetings und Events gibt, sowohl in Deutschland als auch international.

Vergütungsplan:

Wie wirst du vergütet?

Kann man viel Geld verdienen, ohne zuerst einen hohen Rang in der Firma innehaben zu müssen?

Wie und wann steigt man im Rang?

Wie baut man eine Struktur auf, um einen höheren Rang und somit einen höheren Lohn zu erhalten?

Handelt es sich um einen motivierenden Vergütungsplan oder um einen, wo mehr als normal gearbeitet werden muss, um gutes Geld für seinen Einsatz zu verdienen?

Es ist von immenser Wichtigkeit, dass man bereits ganz zu Anfang Geld verdienen kann. Denn es ist überaus motivierend, für seine Arbeit und aufgewendete Energie auch entlohnt zu werden. Dadurch erleben wir auch, dass es sich lohnt, Zeit und Energie zu investieren und fördert somit unsere Motivation.

Ich erinnere mich an eine Firma, wo ich sehr schnell gutes Geld verdiente. Mein Ziel war, dass Christopher und ich etwas Extrageld haben sollten, um mehr reisen zu können. Als ich aber erlebte, dass ich mit dem Einsatz, den ich machte, äußerst gutes Geld verdiente, steckte ich meine Ziele höher.

Die meisten von uns funktionieren gut damit, wenn wir sehen, dass es sich lohnt, Energie und Zeit zu investieren. Darum ist es auch sehr wichtig, dass die ausgewählte Firma, einen klaren Plan hat, wie man entlohnt wird.

Lieber System im Chaos haben als Chaos im System.

Kapitel 6

Was sagt die Gesetzgebung?

Laut des Gabler Wirtschaftslexikons wird Networkmarketing bzw. Multi-Level-Marketing folgendermaßen definiert:

„Form des Direktvertriebs, bei der bereits für eine Unternehmen tätige Verkäufer weitere Verkaufsmitarbeiter gewinnen (Subunternehmer) und die Vergütungen der Verkäufer der Vorstufen von der Verkaufstätigkeit der nachgelagerten Verkäuferstufen abhängig ist. Im Gegensatz zum Schneeballsystem werden die Verkäufer nicht zur Abnahme von Waren bzw. Haltung von Lagerbeständen verpflichtet und es besteht ein Rückgaberecht der nicht abgesetzten Waren."

https://wirtschaftslexikon.gabler.de/definition/multi-level-marketing-40668/version-264048

„Eine pyramidenförmige Vertriebsstruktur ist dabei das einzige Kriterium, was ein illegales Schneeballsystem mit einem legalen Network Marketing Unternehmen gemeinsam hat. Eine solche pyramidenförmige Unternehmensstruktur ist allerdings auch bei jedem anderen Unternehmen anzutreffen. In jedem Unternehmen ist ein Vorgesetzter (etwa der Firmeninhaber selbst) zu finden, der mehrere Personen (z.B. Angestellte) unter sich hat.

Jede hierarchische Struktur ist also pyramidenförmig aufgebaut. Beispielsweise profitiert der Chef einer Firma von der Leistung eines Angestellten. Wenn man sich mal genau umschaut, wird man in allen Bereichen des Lebens solche pyramidenförmigen Strukturen erkennen, bei der eine oder wenige Personen oben stehen und das Sagen haben. Die Pyramide wird in der Architektur beispielsweise als das stabilste Gebäude überhaupt bezeichnet. Die Bewertungen für das Vorliegen eines illegalen Schneeballsystems sind im §16 Abs.2 UWG ganz klar geregelt."

Die Unterscheidung von MLM und einem Schneeballsystem beruht auf einer ganz konkreten Beurteilung. Als Faustregel gilt doch, dass es sich in jedem Fall um ein Schneeballsystem handelt, wenn keine konkreten Produkte verkauft werden.

Selten bekomme ich die Frage: Handelt es sich hier nicht um ein Schneeballsystem? Doch wenn ich diese Frage gestellt bekomme, entgegne ich stets mit einer Gegenfrage: Wie definiert man denn ein Schneeballsystem?

Sehr häufig wissen die Personen nicht, wovon sie eigentlich sprechen und können mir nicht konkret antworten. Meiner Meinung nach sollte man nicht über Themen und Dinge urteilen, von denen man nichts weiß und man sollte stets dazu bereit sein, Neues zu lernen.

Warte nicht auf den perfekten Augenblick,

sondern nimm den Augenblick und mache ihn perfekt.

Kapitel 7

Bist du es wert, Erfolg zu haben?

Meiner Meinung nach ist diese Frage von großer Wichtigkeit. Immer wieder erlebe ich, dass Personen meinen, es nicht wert zu sein, nicht gut genug zu sein, um Erfolg zu haben. Sie geben es vielleicht nicht direkt zu, aber sie haben einen permanenten inneren Kritiker, der sie stets dazu veranlasst, nicht zu handeln, sondern zu denken „das mache ich dann morgen".

Nur sehr wenige fühlen, sie sind es wert, Erfolg zu haben.

Nur sehr wenige sind auch dazu bereit dazu, den notwenigen Einsatz zu geben, um Erfolg zu bekommen.

Vielleicht sind dir die Zahlen vertraut. 90 % aller Personen, die in einer Network Marketing Firma beginnen, erreichen nie den von ihnen angestrebten Erfolg. Das tun nur 10%. Der Grund liegt meiner Meinung nach im Mindset des einzelnen. Wenn man selbst meint, es nicht wert zu sein, erfolgreich zu sein, ist es äußerst schwer, das zu werden.

Denn hier wird der innere Kritiker oft aktiv, sobald Widerstände auftreten. „Was bildest du dir eigentlich ein, zu glauben, dass DU Erfolg haben könnest?"

Viele haben nicht das nötige Selbstwertgefühl, das sie darin bestätigt, es wert zu sein, Erfolg zu haben, die eigenen Träume zu verwirklichen. Aus diesem Grund habe ich das Kapitel „7 Stufen, um im Einklang mit sich selbst zu leben" aus meinem ersten Buch „Get yourself a job" hier übernommen.

Kapitel 8

7 Stufen, um im Einklang mit sich selbst zu leben.

Stress ist heute leider eine der größten Ursachen, warum Menschen krank werden. Und es werden nicht weniger werden, bevor jeder lernt, sich selbst wahrzunehmen. Unser Körper ist dazu prädestiniert, uns mitzuteilen, wie es uns geht. Um darauf reagieren zu können, muss man aber dazu in der Lage sein, sich selbst wahrzunehmen.

In der Branche sind 80% Frauen und 20% Männer. Besonders Frauen erliegen dem Stress, da wir Frauen seit vielen Jahren eine wesentliche Rolle für die Weiterentwicklung unserer Gesellschaft spielen.

Ende der 1960´er kamen Frauen in Dänemark auf den Arbeitsmarkt und wollten zeitgleich aber auch die Mutterrolle beibehalten. Ich glaube, viele Frauen erlebten diesen Zwiespalt zwischen selbständig sein (arbeiten gehen, eigenes Geld verdienen) und zeitgleich liebevolle und fürsorgliche Mutter zu sein, als großen Stressfaktor.

In Dänemark ist es heutzutage völlig normal, dass Frauen einen Vollzeitjob haben, Karriere machen UND Kinder haben. Rund um die Uhr müssen Dinge erledigt werden. Abgesehen davon, dass wir einen stressigen Alltag haben, sind auch unsere Jobs anspruchsvoller für unsere Gehirne geworden. Heute muss das Gehirn zu sehr viel mehr Dingen und Eindrücken Stellung nehmen, als es der Fall war, als man noch monoton in einer Fabrik saß und tagaus und tagein die gleichen Handgriffe vorzunehmen hatte.

Die Auffassung, nicht durch zu viele Aufgaben gestresst zu werden, ist meiner Meinung nach völlig richtig. Die Ursache von Stress liegt nicht bei zu vielen Aufgaben, sondern daran, dass wir die Signale des Körpers ignorieren, wenn es zu Stressbelastungen kommt. Wir arbeiten täglich so viel mit unserem Gehirn, dass unser Körper schlichtweg dazu gezwungen ist, so gut es geht, mitzumachen. Gehen dann die Alarmglocken an, drehen wir die Lautstärke leiser.

Aus diesem Grund ist es von maßgeblicher Bedeutung, dass wir unseren Körper kennenlernen und seine Bedürfnisse wahrnehmen. Drehen wir die Lautstärke wieder auf und hören auf unseren Körper, wird unser Körper zu einem Werkzeug im Kampf gegen Stress und bekommt eine heilende Wirkung auf sich selbst.

Zwar habe ich Stresssymptome gehabt, bin aber niemals dem Stress wirklich erlegen gewesen. Ich habe meinen Körper immer um Rat gefragt, wenn es darum ging, eine Entscheidung zu fällen. Stets habe ich in mich reingehorcht und bin stets meinem Gefühl gefolgt. Dem Gefühl treu zu sein, ist mindestens genauso wichtig, wie das Gefühl selbst. Ist man seinem Gefühl gegenüber treu, ist man auch sich selbst gegenüber treu und umgeht es, dem Stress zu erliegen.

Kleine Schritte-Schritt 1

Wir müssen geduldig sein und kleine Schritte machen, um ein Resultat erreichen zu können.

Rom wurde nicht an einem Tag erbaut. Und das weiß man, wenn man jemals in Rom gewesen ist. Alles braucht seine Zeit und das braucht jeder Prozess auch. Auch mit kleinen Schritten kommt man vorwärts. Bevor wir gehen können, müssen wir krabbeln lernen. Kleine Schritte.

Wenn ein Baum standfest stehen können soll, muss er ein solides Wurzelwerk haben. Sieh deine kleinen Schritte als Wurzelwerk. Wenn du täglich einen kleinen Schritt auf dem Weg zu deinem Ziel unternimmst, werden die Wurzeln deines Baumes stark und tief werden.

Ein Schritt könnte sein, etwas zu tun, was dich fröhlich stimmt. Wenn du es liebst, spazieren zu gehen, (es müssen nicht mehrere Stunden sein, 15 Minuten sind ausreichend, um ein Wohlgefühl zu erlangen), dann tue es (es gibt nichts Besseres als Licht und frische Luft, um das Wohlbefinden zu steigern).

Wenn du es liebst zu tanzen, dann tanz. Möchtest du gerne meditieren, dann nimm dir täglich fünf Minuten, um das zu tun. Durch Meditation wird die eigene Körperwahrnehmung geschult. Es ist eine gute Übung, um die Signale des Körpers kennenzulernen. Wenn man täglich etwas tut, was einem mit Wissen und Inspiration füllt, bewegt man sich. Persönlich hat mich diese Stufe immer interessiert und ich bin in meinem Leben unzählige kleine Schritte gegangen. Das Leben wirkt sinnvoller, wenn wir uns entwickeln und dichter an unseren eigenen Kern und unsere eigenen Bedürfnisse gelangen. Wenn wir dazu in der Lage sind, unsere Wünsche und Bedürfnisse zu erkennen und zu erfüllen, werden wir nicht gestresst.

Arbeite mit diesem ersten Schritt und denke daran, dass noch kein Meister vom Himmel gefallen ist.

Denkmuster- Schritt 2

Der nächste Schritt besteht in deinen Gedanken und deinem Denkmuster.

Täglich haben wir unzählige Gedanken. Diese Gedanken werden von den fünf Sinnen beeinflusst: hören, sehen, riechen, fühlen und schmecken. Laut diverser Forschungsergebnisse auf diesem Gebiet, gehen uns täglich 60.000 Gedanken durch den Kopf. Davon sind 80 Prozent negativ geladen und nur 20 Prozent positiv.

Wenn wir also dafür prädisponiert sind, negativ zu denken, ist es erklärbar, dass so viele Menschen von ihrem negativen Gedankenfluss beeinflusst werden und mit negativen Gedanken und Gefühlen durch das Leben gehen, sich selbst bemitleiden. Es fordert ein aktives Umdenken, um unsere Gedanken und somit unser Denkmuster positiv zu beeinflussen.

Ich habe sehr viel mit meinen Gedanken und meinem Denkmuster gearbeitet und habe gelernt, meine Gedanken zu steuern. Ich denke positiv und optimistisch, weil ich es WILL.

Ich habe es geübt, immer und immer wieder, denn wie gesagt, ist noch kein Meister vom Himmel gefallen.

Die Aufgabe des Gehirns ist es, auf uns aufzupassen. So ist es stets gewesen. Unsere Urvorfahren konnten nur so unter den damaligen harten Lebensbedingungen existieren.

Obwohl sich unsere Lebensbedingungen deutlich geändert haben, hat es die Aufgabe des Gehirns nicht. Und aus diesem Grund sind wir nach wie vor dazu prädestiniert, negativ zu denken. In diesem Punkt befindet sich unser Gehirn immer noch in der Urzeit.

Wenn wir uns um etwas Sorgen machen, wird das Alarmsystem des Gehirns aktiviert und erzählt uns, dass etwas gefährlich, bedrohlich ist. Es werden Stoffe produziert, die es uns ermöglichen, der Gefahr zu entfliehen. In der Urzeit konnten wir so vor einem Säbelzahntiger fliehen und uns zurück in unsere Höhle, in Sicherheit bringen.

Heute sieht der Säbelzahntiger jedoch anders aus. Man kann nicht mehr vor ihm weglaufen. Der Säbelzahntiger symbolisiert heute die täglichen Anforderungen, wie Arbeit, Schulden, Kinder, und die sozialen Medien-eine Gesellschaft, wo das Überleben sich markant von dem Überleben des Urzeitmenschen unterscheidet.

Ein wirksames Werkzeug gegen negative Gedanken, ist es, rückwärts von der Zahl fünf zu zählen. Mel Robbins, amerikanische Schriftstellerin, CNN Kommentatorin und Moderatorin, hat das Urheberrecht für diese Form der gedanklichen Steuerung.

Will man einen negativen Gedanken abbrechen, hilft es, 5-4-3-2-1 zu zählen und anschließend an etwas Positives zu denken.

Man muss rückwärts zählen, denn sonst wird das Gehirn nicht gefordert und wird während man 1-2-3-4-5 zählt, nach wie vor dem negativen Gedanken nachgehen. Diese Methode ist einfach und dennoch äußert wirksam, um negative Gedanken und Gefühle ins Positive zu verwandeln. Ich empfehle dazu Mel Robbins Buch „The 5 Second Rule" (Savio Republic Book, 20017).

Ein negatives Denkmuster oder einen negativen Gedankengang kann man auf viele verschiedene Weisen beeinflussen und ändern. Selbst benutze ich oft meine eigene Vergangenheit, um mich daran zu erinnern, dass viele Befürchtungen und Ängste nie eingetreten sind. Wenn ich diese Wirklichkeit abrufe, ändere ich meine gegenwärtige Befürchtung dadurch ins Positive: Damals ging alles gut, warum sollte es dieses Mal anders sein?

Du kennst es sicher selbst, die schlimmsten Befürchtungen und Szenarien sind nie Wirklichkeit geworden. Wenn du lernen willst, deine Denkmuster zu ändern, musst du aktiv etwas tun, damit es auch geschieht. Es gibt viel lesenswerte Literatur zu dem Thema und viele inspirierende Menschen, die zu diesem Thema Vorträge halten.

Fang an und verschaffe dir Wissen zu dem Thema. Arbeite aktiv damit, deine negativen Denkmuster ins Positive zu verändern. Lies Bücher, besuche Vorträge. Es ist deine Aufgabe und liegt in deiner Verantwortung, dafür zu sorgen, dass es dir gut geht.

Priorisiere dich selbst- Schritt 3

Priorisiere dich selbst und verwöhne dich.

Wir müssen uns selbst verwöhnen, gut zu uns sein. Meiner Meinung nach ist die eigene Verwöhnung gleichzustellen mit grundlegenden Bedürfnissen wie Essen, Trinken und Schlaf. Wenn wir uns selbst etwas Gutes tun, bekommen wir dadurch automatisch auch positive Gefühle, wie bekommen mehr Energie und Freude. Darum soll man sich bei einem Flugzeugabsturz erst selbst die Sauerstoffmaske aufsetzten und erst anschließend seinem Kind. Denn wenn man selbst kurz davor ist, an Sauerstoffmangel zu sterben, kann man seinem Kind nicht helfen.

Hat man Überschuss und Energie, hat man auch Energie und Überschuss für andere Menschen (Ehepartner, Kinder, Freunde) und dafür, seine Arbeit auszuführen und sich Mühe zu geben.

Stress kommt dadurch zustande, dass wir uns selbst nicht wertschätzen, unsere Bedürfnisse nicht priorisieren. Wir müssen lernen, unser eigener bester Freund zu sein und ihm müssen wir zur Sauerstoffmaske verhelfen.

Wie priorisiert und verwöhnt man sich selbst?

Denk darüber nach und spüre, was dir guttut, was dir Freude bereitet. Vielleicht ist es, nach einem langen Tag in die Badewanne zu steigen, ein gutes Buch zu lesen, einen lustigen Film zu gucken. Oder ein Kinobesuch mit dem Partner, einem Freund oder allein. Es ist deine Zeit und DU bestimmst.

Persönlich liebe ich es, zu joggen und zu tanzen. Beides tue ich nahezu täglich. Ich höre Musik, die mir Freude bereitet und tanze dazu in meinem kleinen Wohnzimmer. Anschließend geht es mir hervorragend und ich bekomme dadurch eine Menge an positiver Energie, von der auch andere profitieren. Somit wird es zu einer win-win-Situation.

Gebrauche Zeit für dich-Schritt 4

Es gebraucht Zeit, sich selbst zu priorisieren, nimm dir die Zeit.

Ich habe unzählige Stunden damit verbracht, zu Vorträgen zu gehen, mir aus der Hand lesen zu lassen, war bei Clairvoyance und habe mir Massagen gegönnt. Ich habe die Zeit für mich priorisiert und somit zu mir selbst gefunden. Ich habe viel Zeit mit mir selbst verbracht, was mir sehr gutgetan hat. Der Zeitfaktor ist unumgänglich auf dem Weg zu sich selbst. Priorisiert man Zeit für sich selbst und macht seine Arbeit ordentlich, indem man lernt, sich selbst wahrzunehmen und sich weiter zu entwickeln, umgeht man, an Stress zu erkranken.

Schreibe in deinen Kalender: mittwochs von 20-21 Uhr: ICH. Zeit ist eine Mangelware in unserem stressigen Alltag und daher ist es sehr wichtig, diese zu systematisieren.

Benutze diese Zeit dann auch für dich, indem du etwas tust, was dir Freude bereitet. Wie zum Beispiel tanzen, Yoga machen, shoppen gehen, Kaffeetrinken mit Freunden usw. Genieß die Zeit, die du für dich selbst hast.

Übernimm Verantwortung- Schritt 5

Übernimm Verantwortung in Bezug auf dich selbst und in Bezug auf andere.

Ich nehme mich selbst sehr ernst. Nehme ich mich selbst ernst, nehme ich auch andere ernst. Ich stehe zu meinen Fehlern und Mängeln. Habe ich einen Fehler begangen, entschuldige ich mich auch, wenn es notwendig ist und versuche, es wiedergutzumachen.

Viel zu viele von uns haben Angst davor, Fehler zuzugeben und sich zu entschuldigen, wenn es angebracht ist.

Warum? Es ist vollkommen menschlich, Fehler zu machen, aber es ist nicht menschlich, über Fehler hinwegzusehen. Hat man etwas Verkehrtes getan oder gesagt und damit jemanden verletzt, hat man die Pflicht, dazu zu stehen und sich zu entschuldigen. Im Gegensatz zu dem, was viele Menschen glauben, steht man keineswegs schlechter da, wenn man Fehler eingesteht und sich entschuldigt, im Gegenteil.

Es beinhaltet eine enorme Größe, erst sich selbst und anschließend einem anderen Menschen in die Augen schauen zu können und „Entschuldigung" zu sagen. Und das färbt auf die Umwelt ab.

Wenn die Person, bei der du dich entschuldigt hast, später dann selbst einen ähnlichen Fehler machen sollte, wird es dieser Person leichter fallen, sich auch zu entschuldigen. So verbreiten wir das Gute in uns selbst in unserer Umwelt.

Es liegt eine große Verantwortung darin, sich selbst ernst zu nehmen.

Erlebst du, dass andere hinter deinem Rücken über dich lästern oder zu dir herab sprechen, musst du dir selbst zu gut, zu wertvoll sein, um dich auf deren Niveau zu begeben. In den USA bedient man sich der Formulierung „If they go low, you go high". Sprich von deinen eigenen Gefühlen und erzähle der Person, welche Gefühle es in dir auslöst, wenn diese Person so mit dir oder über dich spricht.

Wenn ich einen Streit mit einem Kollegen oder einem Freund gehabt habe, habe ich mich der Person gegenüber ordentlich verhalten. Sollte ich etwas gesagt haben, was einen anderen Menschen verletzt hat, nehme ich sowohl die Gefühle dieser Person und meine eigenen Gefühle sehr ernst. Habe ich eingesehen, etwas falsch gemacht zu haben, entschuldige mich bei der Person und vergebe mir selbst dafür, einen anderen Menschen verletzt zu haben.

In dem Augenblick, wo etwas ausgesprochen ist, kann man es nicht zurücknehmen.

Worte können sehr verletzend sein und einen anderen Menschen so hart treffen, dass es nie wieder gut gemacht werden kann und das war ja nicht beabsichtigt. Wer will in Wirklichkeit schon ein schlechtes Verhältnis zu einem Freund oder einem Kollegen haben?

Daher ist es so unglaublich wichtig, Verantwortung dafür zu übernehmen, was man sagt und tut und stets an sich zu arbeiten, um sowohl in der Wahrnehmung zu anderen Menschen als auch zu sich selbst besser zu werden.

Ich werde niemals damit aufhören, Verantwortung zu übernehmen. Wenn ich etwas nicht richtig verstehe, bemühe ich mich darum, mir durch z.B. Literatur Wissen anzueignen, um es verstehen zu können. Durch Jogging und Tanz verwöhne ich mich selbst und bekomme Energie und Überschuss, um Lösungen zu finden.

Denn eins ist sicher, wenn man gestresst ist und es einem schlecht geht, ist man nicht dazu in der Lage, Lösungen zu finden. Daher ist es so wichtig, sich selbst und auch anderen gegenüber Verantwortung zu übernehmen.

Kontakt zu anderen Menschen herstellen-Schritt 6

Bau Relationen zu Menschen auf, die dir Freude und Energie geben.

Verbringe deine Zeit mit den Menschen, die du liebst und die dir etwas bedeuten und bau neue, gute Beziehungen auf.

Unsere Freunde und Ehepartner wählen wir selbst. Wähle die Menschen, die dir Energie geben, die dich glücklich machen. Es ist vollkommen legitim, eine Beziehung oder einen Kontakt zu einem Menschen zu beenden, wenn dieser Mensch dich traurig macht und deine Lebensenergie aus dir saugt, wenn ihr euch seht.

Es liegt in deiner Verantwortung, dich mit Menschen zu umgeben, die dir ein Gefühl von Glück und Zufriedenheit geben.

Denke daran, du bestimmst selbst und du bist die wichtigste Person in deinem Leben, abgesehen von deinen Kindern, wenn du welche hast.

Fokuspunkt-Schritt 7

Last but not least ist es deine Aufgabe, dich täglich mit den übrigen sechs Schritten zu beschäftigen. Zu denken „das mache ich morgen" ist zwecklos. Es ist immens wichtig, den Prozess sofort zu beginnen und täglich kleine Schritte zu machen.

Frage dich selbst: Was macht mich glücklich? Was füllt mein Leben mit Freude und Lachen? Wenn du das beantworten kannst, bist du dazu bereit, anzufangen.

Wenn man täglich bei allen sieben Punkten kleine Schritte macht, lernt man langsam, sich selbst wahrzunehmen.

So ist man dann auch dazu in der Lage, wahrzunehmen, wenn Stress aufgrund von Arbeit, Familie etc. aufkommt und kann sich selbst helfen, bevor es zu spät ist.

Stärken wir unser Selbstwertgefühl, unsere Liebe zu uns selbst, werden wir stärker und robuster, auch in Bezug auf die Ziele und Träume in unserem Leben.

Auf diese Weise können wir die negativen Gefühle steuern und sie zum Verschwinden bringen, da wir gerade anderweitig beschäftigt sind.

JEDES Mal, wenn dein innerer Kritiker dabei ist, dir Begrenzungen zu setzen, dir erzählt, dass du nicht gut genug bist, keinen Erfolg verdienst, etc., legst du deine Hand auf deine Stirn, ziehst sie zeitlich rüber und sagst dabei: "Danke, aber ich bin gerade anderweitig beschäftigt." Denk daran, dass du das unzählige Male machen musst, da dein innerer Kritiker immer wieder versuchen wird, dich von deinen Träumen und Zielen abzubringen. Das ist jedenfalls meine Erfahrung.

Jedes Mal, wenn mein innerer Kritiker sich zu Wort meldet, ich die Hand auf meine Stirn lege und sage: „Danke, aber ich bin gerade anderweitig beschäftigt", nenne ich den Rang, den ich in meiner Firma erreichen will. Titel, die damit verbunden sind, wie viel Geld zu verdienen. Diesen Titel nenne ich und sage: „Ich bin nämlich gerade dabei, blue diamond zu werden."

Probiere es aus-es funktioniert.

Es geht also um deine persönliche Entwicklung, deine inneren Begrenzungen, deine Überzeugungen in Bezug auf Erfolg und Geld. Du musst mit ihnen arbeiten. Sollte es in deiner Kindheit noch andere Begrenzungen gegeben haben, musst du auch die überwinden. Es ist NICHT deine Überzeugung, die dahintersteht, aber vielleicht die deiner Mutter oder deines Vaters.

Schreibe folgendes:

Schritt 1: Welche kleinen Schritte musst du jeden Tag tun?

_____

_____

_____

_____

Schritt 2: Was willst du täglich tun, um dein Denkmuster unter Kontrolle zu bringen?

_____

_____

_____

_____

Schritt 3: Womit willst du dich täglich selbst verwöhnen?

Schritt 4: Womit möchtest du gerne mehr Zeit verbringen?

Schritt 5: Wie willst du mehr Verantwortung in deinem Leben übernehmen?

_____

_____

_____

_____

Schritt 6: Mit welchem Typ Mensch möchtest du die meiste Zeit verbringen?

_____

_____

_____

_____

There are no such things as failure.

There are only results.

Tony Robbins

Kapitel 9

Die Komfortzone.

Googelt man das Wort „Komfortzone", handelt es sich um einen Ort, wo man sich geborgen fühlt und keine Unsicherheit spürt. Also ein angenehmer Ort. Es gibt daher Sinn, dass wir alle uns am liebsten in unserer Komfortzone bewegen.

Du kennst sicher den Ausdruck: Wenn du immer das gleiche machst, bekommst du immer das gleiche Resultat.

Unser Gehirn liebt Gewohnheiten. Dinge, die uns bekannt sind und die uns keiner Gefahr aussetzen. Somit steuert unser Gehirn unser Leben. Der hinterste Teil unseres Gehirn-das Reptiliengehirn- ist der älteste und machtvollste Teil unseres Gehirns. Sobald wir nur daran denken, etwas Neues zu tun, sendet das Reptiliengehirn Impulse, die Angst auslösen. Es ist darauf gepolt, uns in unserer Komfortzone zu halten und soll uns daran hindern, Neues auszuprobieren.

Das Reptiliengehirn will alle deine Entscheidungen beeinflussen, aber du musst dich dem nicht fügen. Dein Gehirn ist ein Muskel, genau wie dein Gesäß auch. Du kannst es genauso trainieren. Doch musst du dich darauf einstellen, dass es hier mehr Ausdauer und Geduld benötigt, als beim Trainieren des Gesäßes. Denn hier wird dein gesamter Köper beeinflusst, wenn du nur überlegst, etwas Neues zu tun. Dein Körper reagiert, indem er warm, unruhig wird und sich unwohl fühlt. Ich spüre deutlich, dass mein Puls steigt und alle meine Gedanken in die gleiche Richtung gehen: „STOP, das hier kennst du nicht. PASS AUF, du kannst vielleicht daran sterben.", sobald ich mich aus meiner Komfortzone rausbewege.

Das Reptiliengehirn ist darauf gepolt, auf uns aufzupassen, damit wir in neuen Situationen nicht umkommen. Es hat die Aufgabe, uns zurückzuhalten und uns zu versichern, dass es am besten und sichersten ist, in der Komfortzone zu bleiben.

Als wir damals in der Savanne rumliefen, war es ja gefährlich, sich von den anderen zu entfernen und abseits zu geraten. Es war lebensbedrohlich, da jeder Zeit ein anderes Tier auf Lauer liegen konnte, um uns umzubringen. Dieser Teil des Gehirns passt somit seit Tausenden von Jahren auf uns auf. Aber ich habe eine Neuigkeit: Wir sind KEINE Tiere, wir müssen nicht in einer Herde auf der Savanne zusammenhalten, um überleben zu können.

Aber wir sind nach wie vor Herdentiere. Wir sind am liebsten Teil der Herde, wollen gerne einen Partner, Freunde und Kollegen haben. Die meisten von uns funktionieren am besten in der Gemeinschaft. Daher füllen Gedanken wie „Was denken die wohl über mich?" oder „ob sie mich immer noch mögen, wenn ich das und das tue?", viel bei uns. Ständig verhält man sich dazu, was andere wohl über einen denken könnten. Das kann einer der Gründe sein, warum man sich nicht traut, etwas Neues zu tun.

Wünschen wir jedoch ein neues Ergebnis, müssen wir etwas Neues tun, da wir sonst wieder das gleiche Ergebnis bekommen werden. Es ist daher notwendig, sich aus der Komfortzone raus zu bewegen, wenn du deine Träume verwirklichen willst. Es gibt keinen anderen Weg. Wenn man wirklich seine Träume leben will, muss man mit seinen Gewohnheiten brechen und sich in das Neue, das Ungewisse begeben.

Aber wie macht man das?

Du musst in dich reinhorchen, um zu spüren, was du im Leben wirklich willst und wozu du Lust hast und dann diesen Traum verfolgen, EGAL was kommt.

Dieses Buch soll dir dabei helfen, das herauszufinden. Du musst deinen Traum wirklich leben WOLLEN, um dich aus deiner Komfortzone herauszubewegen und dich den Gefahren zu stellen, die dir dein Gehirn suggeriert.

Aus diesem Grund wählte ich das erste Zitat dieses Buches „Das habe ich noch nie gemacht, das kann ich bestimmt".

Denn in Wirklichkeit kann man nicht wissen, ob man etwas kann, bevor man es ausprobiert hat. Wenn man dann von Anfang an die Einstellung hat, dass man es sicher kann, gibt es einem einen besseren, positiveren Start, als wenn man denkt „Hilfe, das kann ich bestimmt nicht".

Wollen wir unsere Träume verfolgen und leben, kann man schnell das Gefühl bekommen, allein zu sein. In manchen Situationen trifft das auch zu. Da wir nun einmal Herdentiere sind, kann das noch mehr Ängste hervorrufen. Wir wollen in der Herde bleiben und uns nicht von den anderen unterscheiden. Das Risiko, verstoßen zu werden, war damals in der Savanne groß, wenn man versuchte, anders zu sein und DARAN erinnert sich unser Gehirn.

Um deinen Traum zu verwirklichen, MUSST du aus deiner Komfortzone rauskommen und etwas Neues wagen.

Zum Glück wirst du sehr schnell feststellen, dass du dich nicht auf der Savanne befindest und dass du es überlebt hast, als du etwas Neues gemacht hast, um einen Schritt näher an deinen Traum zu gelangen.

Hör auf damit, dich selbst zu verurteilen. Sei nett zu deinem inneren Urwichtel, der meistens von deinem Reptiliengehirn gefüttert wird und sag ihm: „Ich bin auf dem Weg dahin, meinen Traum zu verwirklichen, ich WILL das und wir schaffen das."

Während du einen neuen Weg gehst, bist du gleichzeitig auch ein gutes Beispiel für deine Umgebung, eventuell sogar für deine Kinder. Du zeigst ihnen, dass du mutig bist und dich traust, deinen Traum zu verfolgen. Die meisten werden rundherum stehen und denken „Wow, stark, das ist bewundernswert".

Du glaubst vielleicht, dass sie etwas ganz Anderes denken. Denke daran, dass es mit großer Wahrscheinlichkeit dein Reptiliengehirn ist, das dich zurück in deine Komfortzone haben will.

Und davon mal abgesehen, ist es nicht eigentlich völlig gleichgültig, was andere Menschen denken?

Wie ich immer sage: Solange du gut zu Tieren bist und nett und höflich im Umgang mit anderen Menschen, ist es gleichgültig, was andere denken.

Mache kleine Schritte. Ich verspreche dir, dass du feststellen wirst, dass es gar nicht so gefährlich war und dass du immer mutiger werden wirst.

Life begins at the end of your comfort zone.

Neale Donald Walsch

Kapitel 10

Jetzt bist du bereit…

Nun kennst du eine Menge verschiedener Methoden, um mit deinem Mindset zu arbeiten und wie du von alten Überzeugungen loskommst. Wenn du das Gefühl haben solltest, nicht weiter zu kommen, dann denke daran, dass auch Tony Robbins einen Coach hat. Es ist völlig ok, um Hilfe zu bitten, um deine Überzeugungen zu ändern und Begrenzungen aufzuheben. Gib dafür Geld aus, es lohnt sich! Investiere in dich selbst.

Stelle dir vor, von einer Begrenzung, wie „es nicht verdient zu haben, erfolgreich zu sein", loszukommen.

Stell dir vor, von dieser Begrenzung loszukommen und dann wirklich auf den Erfolg hinarbeiten zu können und ihn dann auch zu BEKOMMEN. Wäre das nicht grandios?

Oder wenn du eventuell Angst vor Erfolg haben solltest, dann geht es darum, von dieser Angst loszukommen, um Erfolg haben zu können.

Ich verspreche dir, dass das Geld gut ausgegeben ist, wenn es darum geht, Rat und Hilfe zu bekommen. Das kann ein Psychologe sein, ein Therapeut, ein Coach oder sogar ein Coach für Networkmarketing.

Jetzt bist du bereit, um mit der Arbeit zu beginnen, die nun vor dir liegt, mit und in der von dir gewählten Firma.

Nun möchte ich dich darum bitten, eine Liste zu erstellen. Eine Liste über mindestens 20 Gründe, warum du Networkmarketing gewählt hast.

Aus welchen Gründen willst du nun deine kostbare Zeit dafür verwenden, ein Geschäft und ein extra Einkommen aufzubauen?

Es können gerne ganz basale Dinge wie „ein neuer Kühlschrank" sein bis hin zu „mehr Zeit mit dem Partner, Kindern, Freunden etc.".

Horche ganz genau in dich hinein und wähle deine Gründe sorgfältig aus. Wenn du in deinem gesamten Körper spürst, welche Gründe für dich am wichtigsten sind, dann schreibe diese auf. Somit wird es für dich wesentlich leichter sein, diese Gründe nicht wieder aufzugeben.

Denn es wird Tage geben, wo du dir wünschst, nie mit der Branche Bekanntschaft geschlossen zu haben, geschweige denn dich in ihr involviert zu haben. Solche Tage gibt es für jeden, der dabei ist, seine Firma aufzubauen oder eine Ausbildung, ein Studium macht.

Es gibt Tage, wo man nicht aus dem Bett kommt und nicht alle die Bücher lesen will, die man lesen muss, um klüger zu werden und näher an sein Ziel zu kommen.

Also denk gut über deine 20 Gründe nach, bevor du sie niederschreibst.

Deine 20 Gründe, mit Networkmarketing zu arbeiten:

1._____

2._____

3._____

4._____

5._____

6._____

7._____

8._____

9._____

10._____

11._____

12._____

13._____

14._____

15._____

16._____

17._____

18._____

19._____

20._____

Diese Liste solltest du auch auf deinem Computer speichern und an deine Upline und an die Upline deiner Upline schicken. Dadurch wird deine Liste verbindlicher, als wenn du sie nur in dieses Buch schreibst.

Denk daran, diese Liste wieder durchzulesen, wenn Tage kommen, wo du am liebsten das Handtuch werfen willst. Sorge auch dafür, dass deine Liste stets auf dem neuesten Stand ist, falls sich deine Beweggründe zwischenzeitlich ändern sollten.

Your why should make your cry...

Du sollest dein "warum" spüren können und vor Freunde weinen, wenn du dann dein Ziel erreicht hast.

Work on yourself more than you do on your job.

Jim Rohn

Kapitel 11

Tägliche Aufgaben.

Jeden Tag musst du etwas tun, was dir und deinem Geschäft zugutekommt. Entweder führst du ein Gespräch mit deiner Upline, Downline, guckst nach lehrreichen Videos bei Youtube, liest ein Buch, bist aktiv bei den sozialen Medien oder sprichst mit anderen Personen über dein Produkt und/oder über die Möglichkeit, in das Geschäft miteinzusteigen.

Es ist äußert wichtig, dass du dich täglich mit deinem Geschäft beschäftigst.

Mit täglichen Schritten, auch wenn sie klein sind, kommst du deinem Ziel ständig näher. Hast du dein Ziel formuliert? Weißt du, was du mit deinem Geschäft erreichen willst? Du hast aufgeschrieben, aus welchen Gründen du die Branche gewählt hast, aber hast du dich mit deinem finanziellen Ziel beschäftigt? Wie viel Geld willst du verdienen? Und wann willst du dieses Ziel erreicht haben?

Solltest du dich noch nicht damit beschäftigt haben, dann mach es jetzt.

Es ist wichtig, dein Ziel schriftlich zu formulieren, damit das Universum es auch sehen kann. Jetzt denkst du sicher, ich sei verrückt……

Aber denke daran, als du ein kleines Kind warst und dir etwas von ganzem Herzen gewünscht hast, sei es zu Weihnachten oder zum Geburtstag und wenn du es nicht aufgeschrieben hättest und deine Eltern es nicht gesehen hätten, hätten sie keine Möglichkeit gehabt, zu wissen, was du dir wünschst. Genauso funktioniert es meiner Meinung nach mit dem Universum.

Also schreib deutlich und leserlich.

Was ist dein Ziel mit deinem Geschäft? In konkreten Zahlen, in Euros und Cents und im Rang.

Bei vielen Firmen gibt es verschiedene Ränge, die dann neue Provisionsmöglichkeiten beinhalten. Vielleicht hättest du gerne ein Team im Ausland. Schreib es auf. Und schreib auch konkrete Zahlen auf. Wieviel Geld willst du monatlich verdienen? Und wann willst du dieses Ziel erreicht haben?

Einen Plan zu haben ist der Schlüssel des Gelingens. Das gilt für jede Form von Geschäften. Vielen haben keinen Plan gemacht. Sie haben ihn im Kopf, sagen sie.

Man kann zu allem Pläne machen.

Zu deiner Karriere

Zu deinem Selbstwertgefühl

Zu deinem Liebesleben etc.

Mein Plan mit Networkmarketing:

_____

_____

_____

_____

_____

Du brauchst sicherlich viel mehr Platz. Schreib ihn auf deinem Computer.

Wann willst du deine Ziele erreicht haben?

_____

_____

_____

_____

Durch das Verhältnis zu anderen Menschen spiegeln wir das Verhältnis zu uns selbst.

Kapitel 12

Die 100 Stück Liste.

Von dieser Liste hast du sicher schon gehört. Auch in meinem ersten Buch beschreibe ich sie. Ich benutze diese Liste auf eine völlig andere Art, als es viele tun. Und das Gute: es funktioniert.

Wieder lasse ich das Universum arbeiten. Denn ja, ich erstelle eine Liste über die Personen, die ich kenne und ich bitte alle in meinem Team, das auch zu tun. Auf diese Liste schreibst du alle die Personen, mit denen du gerne zusammenarbeiten möchtest oder denen du zumindest dein Produkt präsentieren willst.

Tu dir selbst den Gefallen und schreib keine Personen auf, mit denen du keine gute Chemie hast und mit denen du nicht arbeiten möchtest. Deine Zeit ist kostbar und das fantastische an dieser Branche ist, dass du selbst wählen kannst, mit wem du arbeiten möchtest und mit wem nicht.

Sollten auf deiner Liste Personen stehen, zu denen zu seit langem keinen Kontakt mehr gehabt hast, dann kontakte sie erst einmal ohne auf dein Produkt aufmerksam zu machen. Ganz natürlich und ehrlich. So kannst du herausfinden, ob die Person sich verändert hat und ob du mit ihr zusammenarbeiten möchtest oder nicht.

Das Gleiche gilt für alle anderen Personen auf deiner Liste. Begeh jedoch nicht den Fehler und fang damit an zu sagen, dass du auf ein geniales Konzept und Produkt gestoßen bist.

Das schreckt die meisten Menschen ab und es ist auch unfein, einen Dialog gleich so zu beginnen. Leider erlebe ich es fast wöchentlich, dass ich angeschrieben oder angesprochen werden, ob ich in diverse Geschäfte einsteigen möchte, ohne danach zu fragen, wie es mir geht, was ich mache etc. Einige Male habe ich sogar erlebt, dass der Text einfach kopiert wurde und nicht einmal mein richtiger Name in der Mail stand.

So etwas schadet unserer Branche ganz enorm. Außerdem muss es für die schreibende Person auch äußerst frustrierend sein, das eine „nein" nach dem anderen zu erhalten. Es ist kein Wunder, dass diese Menschen in den meisten Fällen keinen Erfolg in der Branche haben und nach einiger Zeit das Handtuch werfen.

Sehr oft nehmen wir ein „nein" persönlich oder wir denken lange darüber nach, warum diese Person „nein" gesagt hat. Die Person klagt vielleicht ständig darüber, dass sie kein Geld hat, unzufrieden ist mit ihrer Arbeit, den Lebensumständen etc. Wir halten das Konzept und das Produkt für genial und für wie gemacht für die Person und können die abweisende Haltung nicht nachvollziehen.

Hier hilft es zu wissen, dass 9 von 10 Personen, automatisch „nein" sagen werden, da unser Gehirn darauf programmiert ist, neuem aus dem Weg zu gehen. „Es könnte ja gefährlich sein" und „Zeit habe ich auch nicht", denken viele.

Was sagst du dann?

Ich frage die Person, ob sie täglich bei Facebook, Twitter, Instagram etc. ist. Sollte sie mit ja antworten (das tun die meisten), dann entgegne ich, dass es sich ja um eine Priorisierung handelt, womit wir unsere Zeit verbringen. Ich gebrauche diese Möglichkeit, um mir wirtschaftliche Unabhängigkeit zu verschaffen, viele Reisen zu machen und neue Bekannte in der ganzen Welt zu bekommen. Und mehr sage ich dann nicht. Die Person muss selbst erkennen, dass sie eigentlich mehr Zeit hat, wenn sie es will.

Sollte diese Person dann doch mit dir zusammenarbeiten wollen, wird sie auf dich zurückkommen. Lass los und kümmere dich um dein Geschäft. Du kannst dir gewiss sein, dass die Person dein weiteres Tun verfolgt.

Und in Wirklichkeit willst du ja keinen Kontakt zu einem Menschen haben, der keinen Kontakt zu dir haben will, oder?

Es kann auch sein, dass der Zeitpunkt einfach verkehrt war. Vielleicht gibt es einen Zeitpunkt, der besser passt, gib also nicht gleich auf.

Halte einen echten, ehrlichen Kontakt, um Kontakt zu behalten und sei dir wieder gewiss, dass die Person dich aufsuchen wird, sollte sie dann doch Interesse haben.

Schreib deine Liste über alle die Personen, mit denen du arbeiten möchtest und lass mich anschließend erklären, wie ich mit dieser Liste arbeite.

Die 100 Stück Liste

Name: Telefonnummer:

_____

_____

_____

_____

_____

_____

_____

_____

_____

_____

_____

_____

Schreibe evtl. auf deinem Computer weiter.

Die meisten von uns benutzen Facebook, ich auf jeden Fall. Täglich mehrere Stunden, da ich Facebook als mein Werkzeug benutze, um neue Kontakte zu knüpfen. Einigen schlage ich dann vor, ob wir uns im wirklichen Leben auf eine Tasse Kaffee treffen wollen.

Handelt es sich um eine alte Relation, die ich wieder auffrischen möchte, schreibe ich die Person direkt an. „Hallo, man ist das lange her. Wie geht es dir?"

Ist es eine Person, wo ich mir vorstellen kann, dass die Person mir vielleicht durch ihr Netzwerk helfen kann, einen Grafiker oder Konsulent oder ähnliches zu finden, dann frage ich ganz direkt, ob wir zusammen networken wollen.

Und bei JEDEM Treffen mit diesen Personen, frage ich, womit ich ihnen helfen kann.

Unser am stärksten ausgeprägten Gen, ist nämlich unser Hilfsgen. DENK daran. Wir lieben es, anderen zu helfen. Wir lieben es, anderen Menschen einen Gefallen zu tun und diese damit zu erfreuen. Das erzeugt außerdem Vertrauen und ein Gefühl der Anerkennung, da die Person oft denkt „Das ist aber lieb". Vielleicht fragen die Personen dich auch zurück, womit sie dir helfen können.

Hier musst du gut nachdenken. Gibt es etwas im Gespräch, das irgendwie indiziert, dass nun der richtige Zeitpunkt gekommen ist, um dein Geschäft und/oder dein Produkt zu nennen und ob es im Netzwerk der Person vielleicht Personen gibt, die Interesse haben könnten? Ich tue es sehr, sehr selten, besonders nicht, wenn es sich um eine Relation handelt, die ich vertiefen möchte.

Oft spreche ich überhaupt nicht von meinem Geschäft oder meinem Produkt, sondern über die anderen Dinge, mit denen ich mich sonst noch beschäftige. Also wie es mit meinen Vorträgen, meinem Schreiben etc. geht. Ich habe eine Menge Kunden bekommen, gerade weil sie NICHT das Gefühl hatten, ich wollte ihnen etwas verkaufen oder anpreisen.

Eine Person sagte mir ganz geradeheraus: „Ich möchte dein Produkt kaufen und auch selbständiger Vertriebspartner werden."

Das kam aus heiterem Himmel, denn wir hatten überhaupt nicht davon gesprochen.

Ihre Erklärung war, dass sie selbst gefragt hatte, weil ich NICHT gefragt hatte. Von vorneherein hatte sie zu ihrem Freund gesagt, dass sie „nein" sagen würde, wenn ich sie fragen würde. Aber weil ich sie nicht gefragt und somit bedrängt hatte, wählte sie es nun selbst. Und schon hatte ich eine neue Vertriebspartnerin.

Ich bin ehrlich und aufrichtig. Das spürt mein Umfeld. Das musst du auch sein, wenn du Relationen schaffen und networken willst. Du musst die Relationen mit dem Herzen bilden, ehrliches Interesse haben.

Viele meiner Bekanntschaften enden damit, dass sie irgendwann mein Produkt kaufen oder sogar Vertriebspartner werden wollen. Ich bekomme wöchentlich Anfragen von Personen, die das Gleiche machen wollen, wie ich.

Wenn du nach deinem Produkt und deinem Geschäft gefragt wirst, dann fasse dich kurz. Unser Gehirn kann nicht so viele Informationen auf einmal verarbeiten. Laut wissenschaftlicher Studien denkt dein Gesprächspartner bereits nach 17 Sekunden an andere Dinge. Es reicht zum Beispiel zu sagen: „Ja, ich vertreibe dieses fantastische Produkt, was so viel Gutes für mich tut." SCHLUSS

Weck die Neugierde in deinem Gegenüber. Erzähl der Person, welche Erlebnisse du mit dem Produkt gehabt hast. Ich zum Beispiel habe mit meinem Produkt 12 kg abgenommen und dann sage ich: „Dank des Produktes habe ich 12 kg abgenommen und seitdem habe ich viel mehr Überschuss und ich habe meinen Heißhunger völlig im Griff."

Sag etwas darüber, womit die Person kämpft. Sie hat es dir vielleicht früher einmal erzählt. Verkaufst du Telefone, Systeme oder ähnliches, musst du versuchen, etwas darüber zu erzählen, was Interesse bei deinem Gegenüber weckt und die Person dazu veranlasst, zu einem späteren Zeitpunkt auf dich zurückzukommen.

Und hier kommt nun die Meditation ins Bild.

Wunder geschehen, wenn du deinen Träumen genauso viel Nahrung gibst wie deinen Ängsten.

Kapitel 13

Warum Meditation?

Im Durschnitt denkt unser Gehirn täglich 60.000 Gedanken. Unser Gehirn ist permanent dabei, Gedanken zu kreieren. Dinge, zu denen wir Stellung nehmen müssen, tägliche Pflichten, soziale Medien, Weltgeschehen etc.

Wenn wir unserem Gehirn keine Ruhepausen geben, kommt es irgendwann unweigerlich zu einem Kurzschluss. Fernsehen ist KEINE Ruhepause für das Gehirn. Im Gegenteil, es trägt eher noch zu einem Kurzschluss bei, da wir auch hier dazu Stellung nehmen müssen, was da auf dem Schirm passiert.

„Du musst dich täglich langweilen", sagt der dänische Gehirnforscher Peter Lund Madsen. Er betreibt seit vielen Jahren Hirnforschung und weiß also, wovon er spricht. Wenn unser Gehirn nicht täglich 20-30 Minuten entspannt, setzen wir unser Gehirn und somit uns selbst unweigerlich einem Kurschluss aus.

Im Gegensatz zum Fernsehen, ist Lesen jedoch eine gute Entspannung für das Gehirn. Denn hier sind wir dazu gezwungen, das Denken abzustellen, um den Text lesen und um das Gelesene auch verstehen zu können. Denn sonst muss man die gleiche Seite immer wieder lesen. Somit wird unser Gehirn dazu gezwungen, alle Gedanken abzuschalten und sich auf das Lesen zu konzentrieren.

Also lies...

und meditiere...

TÄGLICH

Meditieren heißt nicht, in Lotusstellung sitzen, Räucherstäbchen anzuhaben und merkwürdige Laute von sich zu geben. Man kann auch durchaus meditieren während man einen Spaziergang macht.

Denn in Wirklichkeit geht es darum, zu lernen, unsere Gedanken zu steuern und so wenige wie nur möglich zu haben, um unserem Gehirn eine Pause zu verschaffen. Sollten doch Gedanken kommen, kann man trainieren, sie wegzuschicken mit den Worten „Danke, aber ich bin gerade mit etwas anderem beschäftigt".

Übung macht den Meister. Auch Rom wurde nicht an einem Tag erbaut. Es braucht viel Zeit und Übung, bis man richtig meditieren kann. Man kann auch diverse APPs benutzen, die einen durch eine Meditation leiten. Ich habe ein persönliches Mantra, das ich hier gerne mit euch teilen möchte.

Wenn ich tief einatme, bis in den Bauch hinein, so dass mein Bauch sich stark wölbt, denke ich: MAAAAAAAAAARRRRRRRRRRRRRRRRRRRRRRRRRRRRRRRRRR und das etwa 4 Sekunden lang.

Dann halte ich einige Sekunden die Luft an und atme durch den Mund aus, während ich denke: OOOOOOOOOOOOOMMMMMMMMMMMMMMMMMMMMMM, auch etwa 4 Sekunden.

Das hilft mir dabei, mein Gehirn zu leeren. An einigen Tage dauert es länger und an einigen Tagen kürzer. Doch ich mache es täglich und rufe mir immer wieder herbei, welchen Gewinn es mir verschafft, mein Gehirn derartig von Gedanken zu leeren.

Von dem Gewinn profitieren nämlich auch andere Menschen, da du wesentlich besser darin wirst, anderen Menschen zuzuhören, auf sie einzugehen. Und das merkt deine Umwelt. Du kennst es sicher selbst. Du sitzt einem anderen Menschen gegenüber und merkst, dass die Person mit ihren Gedanken ganz woanders ist. Das ist sehr störend und kann leicht auch zu Irritationen der Person gegenüber führen. Es ist also kein ehrliches, interessiertes Zusammensein.

Also übe dich darin und beginne umgehend damit.

Sollte es dir schwerfallen, dich selbst daran zu erinnern, kannst du dir ein Post-it machen, das dich täglich daran erinnert.

Ich habe bei mir viele gelbe Post-it´s hängen. Denn ich weiß, dass es 21 Tage braucht, um eine Gewohnheit zu etablieren und dass man es trotzdem leicht wieder vergessen kann.

Also schreibe auf ein Post-it: TÄGLICH MEDITIEREN

Ja, es braucht seine Zeit und du fühlst, diese Zeit nicht zu haben, da dich der Alltag aufzufressen droht. Dann verkauf deinen Fernseher. Das ist die größte Zeitverschwendung, die es gibt. Jetzt denkst du vielleicht-dann verbring nun auch keine Zeit mehr bei Facebook, das ist ja auch Zeitverschwendung und das ist völlig richtig. Es kommt nur darauf an, wie man Facebook nutzt. Für mich ist es eine geniale Plattform, um sichtbar zu werden, neue Relationen aufzubauen und mit meiner Botschaft an die Öffentlichkeit zu gehen. Und natürlich passiert es mir auch, dass ich mich plötzlich dabei ertappe, irgendwelche gleichgültigen Katzenvideos anzugucken. Es darf nur nicht meine Hauptbeschäftigung bei Facebook werden. Denn das wäre fatal für das Geschäft.

Lass uns Facebook mal im nächsten Kapitel näher in Augenschein nehmen.

If you have time for Facebook, Instagram or Snapchat,

You have time for your own business.

Kapitel 14

Facebook und die einzigartigen Möglichkeiten.

Facebook ist ein soziales Medium, kein Marketingmedium. Und dennoch wird es für beide Zwecke genutzt.

Facebook will nicht ständig dafür missbraucht werden, Produkte zu vermarkten und daher werden die Algorithmen darin ständig geändert. Das, was du nun hier liest, kann schon längst wieder veraltet sein.

Facebook möchte, dass man für die Vermarktung bezahlt. Daher sind die Algorithmen zum Marketing geändert. Facebook bietet verschiedene Möglichkeiten. Man muss ein privates Profil erstellen, um überhaupt Zugang zur Plattform zu bekommen. Das ist kostenlos. Man darf jedoch auch nur EIN persönliches Profil haben.

Dann gibt es Gruppen. Hier kann man eine unbegrenzte Anzahl von Gruppen einrichten. Hier hat Facebook nun gewählt, die Algorithmen gewinnträchtiger zu gestalten. Denn die Posts, die man sowohl in einer Gruppe als auch auf seinem Profil macht, werden nur den 25 Menschen in deinem Netzwerk gezeigt, die dir am nächsten sind. Darüber hinaus den Menschen, deren Posts du kommentiert hast oder mit denen du über Messenger Kontakt hast. Es sehen also nur ungefähr 25 Menschen deinen Post und das auch, obwohl du über 2500 Freunde haben solltest. Doch hier kannst du selbst aktiv werden. Willst du, dass bestimmte Menschen deine Post sehen, musst du zum Beispiel deren Posts kommentieren oder mit ihnen über Messenger Kontakt haben.

Geschäftsseiten werden nicht priorisiert. Darum werden sie fast nur deutlich, wenn man für einen extra Boost bezahlt. Lass das sein. Ich rate dir, dein Geld nicht aus dem Fenster zu werfen. Denn wir sind ja aus sozialen Gründen bei Facebook und wir wollen auch nicht, dass uns etwas verkauft wird. Denn wollen wir etwas kaufen, dann gucken wir bei Google.

Benutz deine Zeit also dafür herauszufinden, mit welchen Personen du networken willst. Like ihre Posts und teil sie. Zeige ihnen, dass du aufrichtig an ihnen interessiert bist und ihnen auch gerne helfen willst. So werden sie auch auf dich aufmerksam werden. Eventuell werden sie so auch dein Profil, deine Gruppe oder deine Geschäftsidee angucken. Hier musst du dir darüber bewusst sein, welche Signale du an deine Umwelt sendest.

Meine wichtigste Regel ist, dass ich Facebook positiv nutze. Mit positiven, lebenbejahenden Posts, keine Post-it´s zu Politik oder Religion. Auch persönlich nehme ich dazu nicht Stellung. Ich bin Buddhist und sehe das eher als eine Lebensform denn als eine Religion. Politik verwirrt mich. Wählen gehe ich trotzdem nach bestem Gewissen und nachdem ich mich gründlich informiert habe.

„Aber Camille, ist es nicht Augenwischerei, dass du nur die Glanzbilder zeigst? Auch du kannst ja nicht immer nur positiv und fröhlich sein."

Nein, das meine ich auch gar nicht. Die Menschen, die mich richtig gut kennen, wissen, dass ich natürlich auch doofe, graue Tage habe, wo ich nur Netflix gucken und Kaffee trinken möchte. Doch gibt es nur sehr wenige dieser Tage, gerade WEIL ich so viel mit mir selbst gearbeitet habe und es immer noch täglich tue. Vielleicht hast du mein erstes Buch „Such dir doch einen Job" gelesen und weißt daher, wie ich zu dem positiven und in sich ruhenden Menschen geworden bin, der ich heute bin. Und es ist natürlich eine ganz bewusste Wahl, die ich getroffen habe, keinen dieser grauen Tage bei Facebook zu posten.

Ich möchte Facebook gerne dazu benutzen, Menschen an mich ran zuziehen, zu mir kommen zu lassen und sie sagen und denken zu lassen, dass sie gerne mit mir zusammenarbeiten wollen, weil sie mich als positiven und inspirierenden Menschen sehen. Die Posts von negativen Menschen wirken weder aufbauend noch anziehend.

Menschen, die diesen Weg nicht gegangen sind, kann man ja auch nicht danach fragen, wie der Weg gewesen ist. Genauso wenig, wie man erfolglose Menschen fragen kann, ob sie einem zu Erfolg verhelfen können.

Also: Keine Aussagen zu Religion und Politik und keine negativen Posts, sondern einen Einblick in die Tage, von denen es in meinem Leben am aller-, allermeisten gibt: Von positiven und fröhlichen Tagen.

Solltest du noch mehr über Facebook wissen wollen und wie du diese Plattform für dich nutzen kannst, dann gib dafür Geld aus und kauf dir Wissen. Es gibt eine Vielzahl von Menschen, die dir helfen kann und du darfst auch sehr gerne mich kontaktieren.

Benutze Facebook, um neue Menschen kennenzulernen und networke mit ihnen. Gratuliere ihnen zum Geburtstag und tu es nur, wenn dich die Person wirklich interessiert.

Erweitere dein Netzwerk. Suche neue Bekanntschaften entweder durch Freunde deiner Freunde oder durch spannende Gruppen. Also networke mit Menschen, die gleiche Interessen, die gleiche Lebenseinstellung haben wie du.

Die meisten Menschen sind täglich bei Facebook und das in der ganzen Welt. Das macht diese Plattform auch so genial, um dein Geschäft von dort aus aufzubauen.

Ich verbringe tägliche viele Stunden bei Facebook, zu viele meinen einige sicher. Aber es ist mein Geschäft und es kostet mich keinen Cent.

Sales- go up and down.

Service stays forever.

Kapitel 15

Bist du ein Verkäufer?

Oder wird dir ganz unbehaglich zu Mute, wenn du das Wort „Verkäufer" hörst? Was schreckt so viele Menschen bei dem Wort ab?

Wenn ich nachfrage, entgegnen die meisten Menschen, dass ein Verkäufer jemand ist, der auf biegen und brechen etwas verkaufen will, selbst wenn es sich um ein minderwertiges Produkt handelt. Er will sich selbst eine goldene Nase daran verdienen, auf Kosten anderer Menschen.

Wenn du auch so denken solltest, dann wird es Zeit umzudenken. Jetzt!

Wir, die in der Network Marketing Branche arbeiten, wissen, dass wir ein hochwertiges Produkt haben, was wir mit gutem Gewissen weiterempfehlen können, wo wir selbst hinter stehen.

Man kann viele verschiedene Begriffe benutzen wie Vermittler, Vertreter, Repräsentant. Doch in Wirklichkeit sind wir alle Verkäufer. Genau wie der Psychologe, der Autohändler, der Kassierer etc. Der Psychologe verkauft sein Wissen, der Kassierer bedient die Kunden, damit Geld in das Geschäft kommt und wird dafür bezahlt. Der Autohändler verdient Geld daran, indem er Autos verkauft.

Es ist nichts Verkehrtes daran, Verkäufer zu sein. Wir sind es alle. Wenn wir ein Date in einem Café haben, sind wir in Wirklichkeit Verkäufer. Wir wollen uns selbst verkaufen, anpreisen für einen eventuellen Partner. Jemand, der alternative Behandlungen macht ist auch ein Verkäufer. Ein Verkäufer seiner Behandlungen.

Wir leben in einer Gesellschaft, wo man Geld verdienen muss, um alle Ausgaben bezahlen zu können, um überleben zu können. Damit sich die Räder der Gesellschaft drehen können, muss ein stetiger Kreislauf von verkaufen und kaufen stattfinden.

Egal wie du es drehst und wendest, bist du auf irgendeine Art ein Verkäufer.

Man kann es auch Vermittler nennen, wenn du von einem Produkt erzählst und wenn der Kunde das Produkt dann über einen Link kauft. Du agierst ja aber trotzdem als eine Art Verkäufer.

Hast du schon mal den folgenden Satz gehört?

„Ich will kein Geld an meinen Freunden verdienen." Viele Menschen nutzen diesen Satz als Argument dafür, NICHT im Network Marketing arbeiten zu wollen.

Ich habe diesen Satz unzählige Male gehört. Jedes Mal frage ich, warum sie das nicht wollen. Oft kommen dann Erklärungen, wie dass man so eine Verkaufsrelation nicht zu seinen Freunden haben will.

Entweder frage ich dann, was denn mit den ganzen anderen Menschen ist, mit denen man nicht befreundet ist, ob man denen das Produkt verkaufen möchte. Was wäre, wenn deine Freundin ein Café öffnen würde. Würdest du dann in das benachbarte Café gehen, um einen Kaffee zu trinken oder in das Café deiner Freundin?

Die meisten würden natürlich die Freundin in ihrem Café unterstützen. Worin liegt dann bitte der Unterschied?

Was für ein Freund ist man, wenn man sein Geld lieber bei der Konkurrenz ausgibt, als den Freund in seinem Geschäft zu unterstützen?

Wenn du selbst eine Bäckerei öffnen würdest, würden alle deine Freunde dann kostenlos bei dir Brot und Kuchen bekommen? Die meisten verneinen hier, da es ja mit vielen Ausgaben verbunden ist, eine Bäckerei zu führen. Ja, genauso wie für dich auch tägliche Ausgaben anfallen. Egal, wie man es dreht und wendet, es muss Geld in die Kasse kommen, um leben und erleben zu können.

Eine Freundin sagte einmal zu mir: „Camille, wenn meine Freunde ihren Wein jedes Mal bei mir kaufen würden, wenn sie Wein haben möchten, egal zu welchem Anlass, ob für einen grauen, kalten Winterabend oder als Geschenk, bräuchte ich keine anderen Kunden mehr, um überleben zu können."

Das ist doch eine traurige Geschichte oder wie siehst du das?

Du als Leser meines Buches bist vielleicht schon selbständig und weißt genau, dass wir Selbständige einander stützen müssen, indem wir untereinander kaufen und verkaufen, anstatt große Ketten zu unterstützen. Ich hoffe, dass du in jedem Fall deine Freunde und Bekannte unterstützt, ihr Produkt zu kaufen, anstatt ein ähnliches Produkt bei der Konkurrenz zu kaufen, auch wenn es etwas mehr kosten sollte.

Natürlich kann es sein, dass du es dir nicht leisten kannst und deswegen bei der Konkurrenz kaufen musst, wenn ein sehr großer Preisunterschied besteht.

Glaube mir, es hat in meinem Leben Zeiten gegeben, wo ich bei der Konkurrenz kaufen musste, weil ich kaum genug zum Leben hatte, wo ich große Abstriche machen musste, da es dann nur darum ging, überhaupt genug zum Essen zu haben.

Aber das Blatt hat sich gewendet und ich unterstütze zwischendurch auch gerne mal, indem ich Dinge kaufe, die ich nicht unbedingt brauche, da ich weiß, dass auf der anderen Seite ein Selbständiger steht, der vor Freude Lust hat, einen Siegestanz zu machen, wenn er etwas verkauft hat.

Man kann auf viele verschiedene Weisen anderen Menschen helfen. Das ist mein größter Wunsch hier im Leben, so vielen Menschen wie möglich auf unterschiedliche Weisen helfen zu können.

Look at your five closest friends.

Those five friends are who you are.

If you don´t like who you are, then you know what you have to do.

Will Smith

Kapitel 16

Du bist ein Abbild der fünf Menschen, die dir am nächsten sind.

Du hast es sicherlich schonmal gehört. Du wirst so, wie die fünf Menschen, mit denen du am meisten Zeit verbringst. Es ist also äußerst wichtig, dass du dich dazu und zu den fünf Menschen verhältst. Hier sind nicht deine Kinder gemeint, sofern du welche hast und sofern sie noch bei dir zu Hause wohnen.

Hier sind dein Partner, deine Eltern, deine Geschwister, deine Freunde, deine Kollegen gemeint.

Versuche, eine Liste zu erstellen zu den fünf Menschen, mit denen du die meiste Zeit verbringst.

1._____

2._____

3._____

4._____

5._____

Schau dir jeden Namen genau an und nimm Stellung zu der Person. Fühlst du dich unterstützt, beschwingt, gibt es dir Energie, mit dieser Person zusammen zu sein?

Oder fühlst du dich müde, kaputt und ausgelaugt, wenn du mehrere Stunden mit der Person zusammen gewesen bist?

Kommt mehr Negatives als Positives aus dem Mund der Person?

Ist es eine Person, mit der du Zeit verbringen MUSST, wie zum Beispiel deine Mutter oder dein Bruder.

Schreib es auf.

Schreib den Namen der Person und deine Relation zu der Person.

Und schreibe dann, wie es dir damit geht, wenn du mit der Person Zeit verbringst. Treffen einige der eben genannten Sätze auf die Person zu?

Name:

1._____

Schreib:

_____

_____

_____

_____

Schreib den Namen der Person und deine Relation zu der Person.

Und schreib darunter, wie es dir mit dieser Person geht, welche Gefühle in dir ausgelöst werden, wenn du mit der Person Zeit verbringst.

Name:

2._____

Schreib:

_____

_____

_____

_____

Schreib den Namen der Person und deine Relation zu der Person.

Und schreib darunter, wie es dir mit dieser Person geht, welche Gefühle in dir ausgelöst werden, wenn du mit der Person Zeit verbringst.

Name:

3._____

Schreib:

_____

_____

_____

_____

Schreib den Namen der Person und deine Relation zu der Person.

Und schreib darunter, wie es dir mit dieser Person geht, welche Gefühle in dir ausgelöst werden, wenn du mit der Person Zeit verbringst.

Name:

4._____

Schreib:

_____

_____

_____

_____

Schreib den Namen der Person und deine Relation zu der Person.

Und schreib darunter, wie es dir mit dieser Person geht, welche Gefühle in dir ausgelöst werden, wenn du mit der Person Zeit verbringst.

Name:

5._____

Schreib:

_____

_____

_____

_____

Gibt es jemanden auf der Liste, wo du das Gefühl hast, nicht genug unterstützt zu werden und dass die Person sich weitaus mehr negativ als positiv äußert?

Du MUSST hierzu Stellung nehmen. Denn Menschen, die dir nicht guttun, die dir Energie rauben, anstatt dir Energie zu geben, musst du regelrecht aussortieren.

Das kannst du auf zwei Arten tun. Die eine Art ist wesentlich drastischer als die andere, kann aber notwendig sein und besteht darin, den Kontakt zu dieser Person völlig zu beenden, für immer.

Die andere Art besteht darin, weniger Zeit mit dieser Person zu verbringen. So wenig wie möglich, so dass du nur ein Minimum deiner Zeit mit dieser Person verbringst.

Das hört sich vielleicht sehr hart an und das kann es auch sein, besonders wenn du die erste Lösung wählst und den Kontakt vollkommen abbrichst. Aber es kann notwendig sein, weil du negativ beeinflusst wirst. Hier geht es um DICH.

Darum musst du eine Liste machen, entweder indem du die Personen ganz konkret aufschreibst oder indem du sie in Gedanken durchgehst und dich anschließend zu jeder einzelnen kritisch verhältst.

Du weißt es bestimmt. Um schneller laufen zu können oder um generell mehr leisten zu können, ist es überaus ausschlaggebend, mit wem du deine Zeit verbringst. Es hilft dir, mit Personen zusammen zu sein, die entweder leistungsstärker sind als du oder die über ein großes Wissen verfügen, von dem du profitieren kannst. So wird es dir gelingen, eines Tages auf das gleiche Niveau zu gelangen.

Zwar ist es kein Wettkampf, aber es ist wichtig, damit du verstehst, was genau ich eigentlich meine, wenn ich sage, dass du dich mit Menschen umgeben sollst, die dich darin unterstützen, deine Träume leben zu können und die selbst an Tagen an dich glauben, wo du es selbst nicht tust.

Vielleicht hast du schon einmal von dem Forscher Emoto gehört. Er kommt aus Japan und hat sehr viel über das Element Wasser geforscht.

Wir Menschen bestehen zu einem großen Teil aus Wasser und Wasser kann beeinflusst werden, viel mehr als man in tausenden von Jahren angenommen hat. Es wird weiterhin intensive Forschung auf diesem Gebiet betrieben.

Wenn wir uns mit Menschen umgeben, die ständig negativ sind, die uns nicht unterstützen oder sogar versuchen, uns von unseren Plänen und Zielen abzubringen, wird unser inneres Wasser beeinflusst. Wir werden müde, ausgelaugt und vielleicht sogar traurig.

Du kennst es vielleicht, du bist mit einem Freund oder einer Freundin zusammen gewesen und euere einzigen Themen waren schlechte Beziehungen, dumme Kollegen, dumme Kinder usw. Du hast anschließend das Gefühl, so müde zu sein, dass dein Körper 1000 Jahre schlafen könnte. Das ist eine physische Reaktion deines Körpers. Dein Wasser im Körper wurde negativ geladen und darum fühlst du dich so müde und ausgelaugt.

Es ist also sehr wichtig, dass du dir genau überlegst, mit welchen Menschen du dich umgibst, mit wem du deine Zeit verbringst. Siehe dazu noch einmal mein Kapitel, wo es darum geht, besser zu sich selbst zu sein.

Success is nothing more than a few simple disciplines,

practiced every day.

Jim Rohn

Kapitel 17

Frag in der 3. Person.

Meiner Meinung nach bekommst du einen wesentlich besseren Dialog, wenn du anstatt direkt zu fragen, ob die Person an der Geschäftsidee interessiert ist, in der 3.Person fragst.

Denn wie du sicherlich weißt, sagt man in dieser Branche, dass man 4 Mal ein „nein" bekommt, wenn man eine Person direkt fragt. Häufig bedeutet das „nein" auch einfach: „Ich habe gerade keine Zeit" und damit ist es einfach schlechtes Timing.

Warum nicht lieber auf „ja" hinarbeiten?

Wir mögen es wesentlich lieber, ein „ja" zu bekommen, da wir gleichzeitig auch das Gefühl haben, dass die Person zu uns persönlich „ja" sagt.

„Kennst du jemanden, der Lust haben könnte, mein Produkt, das so und so wirkt, auszuprobieren?"

Oder:

„Kennst du jemanden, der Lust hat, 1500 Euro extra im Monat zu verdienen?"

Die Fragen können ja dem jeweiligen Produkt oder der jeweiligen Dienstleistung angepasst werden.

Hier hast du die Person nicht gefragt, ob er oder sie dein Produkt kaufen will oder sogar mit in das Geschäft einsteigen will, aber du hast einen Samen gesät. Du kannst dir völlig sicher sein, dass die Person (sofern du ein Produkt hast, das diese Person interessiert und das die Person ausprobieren möchte) auf dich zurückkommen wird. Oder auch wenn die Person gerne etwas extra Geld verdienen möchte, wird sie auf dich zurückkommen.

Einfach, oder?

Mit deiner Firma im Hinterkopf, formulierst du zwei Sätze bezüglich des Verkaufs des Produktes und zwei bezüglich der Geschäftsidee.

Wenn du zum Beispiel ein Produkt zur Gewichtsreduktion verkaufst, könnten zwei Fragen sein:

„Kennst du jemanden, der gerne abnehmen möchte?"

Oder

„Kennst du jemanden, der sich Kontrolle über sein Gewicht wünscht?"

Sätze bezüglich der Geschäftsidee könnten sein:

„Kennst du jemanden, der monatlich gerne 1500 Euro dazu verdienen möchte?"

Oder

„Kennst du jemanden, der Lust haben könnte, täglich eine Stunde extra zu arbeiten und dabei eine hübsche Summe Geld zu verdienen?"

Schreib diese Sätze auf und benutze sie beim nächsten Mal, wenn du meinst, die Person könnte an deinem Produkt und/oder an der Geschäftsidee interessiert sein oder wenn die Person ein großes Netzwerk hat.

2 Sätze in 3. Person bezüglich des Verkaufs des Produktes:

1._____

_____

2._____

_____

2 Sätze in 3.Person bezüglich der Geschäftsidee:

1._____

_____

2._____

_____

Natürlich frage ich manchmal auch Personen ganz direkt, ob dieses Geschäftsmodell etwas für sie sein könnte. Und zu dieser Frage bekomme ich manchmal als Antwort „Nein, ich habe keine Zeit." Häufig antworte ich dann selbst wieder, indem ich eine Frage stelle: „Bist du bei Facebook oder Instagram?" Denn oftmals ist der Grund ein anderer als der angegebene. Manchmal bekomme ich auch die Frage, ob es sich um so eine Pyramidenspielfirma handelt.

„Was ist ein Pyramidenspiel denn deiner Meinung nach", frage ich dann. Häufig ist die Antwort dann: „So eine Firma, wo man am besten von Anfang an dabei sein muss und wo man ganz viele Menschen finden muss, die in die Firma investieren sollen und dabei selbst nichts verdienen."

Meine Antwort lautet dann: „Ah, du meinst so eine pyramidenartig aufgebaute Firma, wo es einen Chef gibt, unter dem wiederum andere Chefs sind und unten denen dann wiederum Büroangestellte arbeiten, die sich halbtot arbeiten, aber niemals auch nur in Reichweite der Cheflöhne kommen? Nein, so eine Firma ist das nicht, aber ich habe mal für so eine Firma gearbeitet."

Und dann erkläre ich, was Network Marketing ist.

Manchmal frage ich auch, ob sie meinen, es sei gesetzeswidrig. Sollte sie mit „ja" antworten, frage ich sie, ob ich jemals etwas gesetzeswidriges getan habe.

Du wirst auch Menschen treffen, die sich wirklich die Finger an diesen Pyramidenspielen verbrannt haben und die sich selbst geschworen haben, nie wieder etwas anzufassen, was auch nur in der entferntesten Ähnlichkeit damit haben könnte und die glauben, dass Network Marketing genauso sei.

Diese Menschen sollst du nicht bekehren. Erwähn nur, dass es sich nicht um ein Pyramidenspiel handelt und denk dabei daran, dass in deinem Geschäft keine Menschen sein sollen, die nicht an die Branche glauben. Es gibt noch 7,3 Milliarden andere Menschen in der Welt, verschwende deine Zeit und Energie nicht an solche Menschen. Weiter zum nächsten.

Denk daran, deine Zeit und deine Energie richtig zu benutzen, bei und für Menschen, die gut für dich sind.

Learn how to be happy with what you have

while you pursue all that you want.

Jim Rohn

Kapitel 18

Attraction Marketing.

„Attraction" bedeutet „anzuziehen", mit Attraction Marketing ist also gemeint, dass die Kunden und auch die selbstständigen Vertriebspartner angezogen werden sollen. Sie nehmen selbst Kontakt auf, um das Produkt zu kaufen oder um selbständiger Vertriebspartner zu werden.

Das passiert mir sehr häufig. Es ist eine fantastische Art des Verkaufs. Es gibt mir auch als Mensch ganz viel Positives, anstatt von allen „neins" total down zu sein, für die die Branche so bekannt ist.

Es ist wahnsinnig bestätigend, wenn das Telefon klingelt und eine Stimme sagt: „Camille, seit einiger Zeit folge ich dir bei Facebook und jetzt möchte ich gerne Teil deiner Firma werden."

Das hier ist ein Traumszenario und kann auch für dich Wirklichkeit werden.

Wir haben uns nun mit verschiedenen Dingen beschäftigt, die alle für dein Mindset wichtig sind. Wir haben dich dafür vorbereitet, daran zu glauben, in dieser Branche erreichen zu können, was du willst. Jetzt sollst du lernen und verstehen, wie und warum Attraction Marketing funktioniert.

Heutzutage kaufen Menschen von Menschen, denen sie vertrauen. Du kennst sicher den Ausdruck „People buy people". Und dieses Vertrauen kannst du auch zu Menschen aufbauen, die du nicht bereits kennst. Ich erzähle dir, wie ich es mache, aber du musst deinen eigenen Weg, deine eigene Art finden, die zu dir passt und für dich richtig ist.

Ich habe gewählt, mich sehr ehrlich und auch verletzbar zu präsentieren. Ich zeige, wer ich bin. Mein Wunsch ist, durch meine eigene, ehrliche Geschichte zu inspirieren und motivieren.

Ich möchte mein Wissen und meine Erfahrungen teilen, um andere zu inspirieren. Mein Hilfsgen ist sehr ausgeprägt und ich wünsche mir von ganzem Herzen, dass alle, die in dieser Branche arbeiten wollen, den Erfolg bekommen, den sie verdienen.

Alle verdienen es, Erfolg zu haben. Und Erfolg kann Vieles sein.

Für mich bedeutet es, Erfolg zu haben, wenn ich positive Rückmeldungen darüber bekomme, andere Menschen inspiriert zu haben.

Neulich traf ich eine Frau, die mein erstes Buch „Get yourself a job", gelesen hatte und geradezu glücklich war. Denn mein Buch hatte ihr den Mut gegeben, ihren Job zu kündigen, der in keiner Weise gut für sie war, was sie auch wusste. Sie hatte durch meine Geschichte den Mut gefunden, ihren Job zu kündigen und hat nun einen neuen fantastischen Job. Nun liebt sie es, zur Arbeit zu gehen. Sie erzählte mir auch, dass mein Buch auf ihrem Nachttisch liegt, sie das Buch öfter mal wieder aufschlägt und sich darüber freut, dieses Buch zu haben, gelesen zu haben und gehandelt zu haben. Das ist für mich Erfolg.

Was bedeutet Erfolg haben für dich? Weißt du es? Hast du mal eingehend darüber nachgedacht?

Ich habe sehr viel darüber nachgedacht. Um dorthin zu kommen, schrieb ich mein erstes Buch und nun auch dieses, das hoffentlich auch viele Menschen inspirieren wird. Sollte es immer noch Menschen geben, die gerne mit mir zusammenarbeiten möchten, sind sie herzlich willkommen. Denn dann haben sie sich Gedanken darüber gemacht, was sie wollen und kommen mit viel positiver Energie. Ihre Energie wird auch mir Energie geben. Und es wird mich als Person weiterhin entwickeln.

Du musst also in dich reinhorchen und definieren, was Erfolg für dich ist. Was möchtest du erreichen? Wem möchtest du helfen? Denn ich gehe davon aus, dass auch du gerne anderen Menschen helfen möchtest.

Viele in dieser Branche haben den Wunsch, anderen entweder mit den Produkten zu helfen und/oder ihnen zu wirtschaftlicher Unabhängigkeit zu verhelfen.

Du musst Menschen durch deine Persönlichkeit anziehen und dadurch, was du abgesehen von Network Marketing sonst noch machst. Viele arbeiten noch mit etwas anderem als der Branche. Hierum bitte ich auch meine Teammitglieder. Wenn sie neue Kunden anziehen wollen, bitte ich sie, dies durch ihren Job zu tun, egal ob sie nun Coach, Behandler oder Vortragshalter sind.

Macht das für dich Sinn?

Du sollst also andere Menschen durch die Person, die du bist, anziehen.

Denk vorher gut darüber nach, wen du anziehen willst, wer deine Zielgruppe sein soll. Mit wem möchtest du zusammenarbeiten?

Wo soll die Person gerade im Leben stehen? Wie alt soll sie sein?

Setz dich hin und denk an jedes zukünftige Teammitglied in deiner Firma. Wie alt sind sie? Mann oder Frau? Wie alt? Welche menschlichen Eigenschaften sollen sie haben? Schreibe zu jedem Teammitglied auf, wie du sie siehst.

_____

_____

_____

_____

War das eine schwere Aufgabe?

Denk daran, dass es sehr viele Werkzeuge gibt, um dich darin anzuleiten, welche Zielgruppe du erreichen möchtest.

Ich möchte gerne Businessfrauen anziehen, selbstständige, die mit sich selbst im Einklang sind, die wissen, was sie mit ihrem Leben wollen. Sollten sie aufgrund von Stress krank gewesen sein und sich wieder an die Oberfläche gekämpft haben, macht das gar nichts, im Gegenteil. Denn diese Frauen spüren nun viel besser als vorher, was sie wollen und was sie nicht wollen. Und wenn sie spüren, dass sie gerne mit mir zusammenarbeiten wollen, dann geben sie ihre Energie auch an mich weiter.

Natürlich sind Männer auch sehr willkommen. Aber da die Branche zu 80% aus Frauen besteht, nehme ich hauptsächlich zu ihnen Stellung.

Wenn man also über mich liest und sieht, wie verletzbar auch ich bin und so durch mich inspiriert wird und sich vielleicht auch selbst in mir erkennen kann, entsteht dadurch eine große Vertrautheit und Verbundenheit.

Wenn das Vertrauen hergestellt ist und wenn man sehen kann, dass ich trotz meiner Verletzlichkeit positiv bin und Erfolg habe, so ist der Weg für eine Zusammenarbeit gebahnt.

Fühl ich dich hinein. Wo bist du gerade in deinem Leben? Was bist du bereit, von dir selbst preiszugeben? Gibt es einen Traum, den zu leben du dich noch nicht getraut hast? Könnte dieser Traum ein Teil deines Marketings werden?

Denk daran, dass es eine Vielzahl von Menschen gibt, die dir dabei helfen kann, deinen Traum zu verwirklichen.

Du kannst an Kursen und Workshops über Attraction Marketing teilnehmen. Diese Kurse sind meistens absolut ihr Geld wert.

Vielleicht helfen sie dir, ein Gespür dafür zu bekommen, was für dich die richtige Art und Weise des Marketings ist und helfen dir dabei, zur Handlung zu schreiten.

Kapitel 19

Visionboard.

Auf der vorigen Seite siehst du mein Visionboard für die nächsten 2-3 Jahre. Auf einem Visionbord fasst man entweder in Form eines Plakates oder einer Wand alle seine Wünsche visuell zusammen.

Den Zeitraum bestimmst du selbst. Ich mache meins immer für die nächsten 2-3 Jahre.

Das ist eine sehr nette Aufgabe, die du durchaus zusammen mit deinem Partner, deinen Kindern, Freunden oder deinem Team machen kannst. Ich mache es zusammen mit meinem Team. Scheeren, Klebstift, eine Vielzahl von Zeitschriften und dann kann es losgehen.

Du gestaltest dein Visionboard genau so, wie DU es haben möchtest, wovon du träumst.

Schau nochmal auf deine 20 Gründe, warum du Network Marketing gewählt hast und leg dann los, dein Visionboard zu gestalten.

Autos, Immobilien, Zitate, Pferde, Essen, nur die Fantasie setzt Grenzen.

Wenn du dann fertig bist mit deinem Visionboard, hängst du es an einen Ort, wo du es täglich betrachten kannst. Dadurch wirst du täglich daran erinnert, was du dir wünscht. Guck dir dein Visionboard auch an Tagen oder sogar besonders an doofen Tagen an, wo du vielleicht Zweifel an dir selbst oder an deinem Traum hast. Übernimm Verantwortung für deinen Traum. Eine Art, Verantwortung zu übernehmen ist, deine Träume zu visualisieren.

Believe you deserve it

and the universe will serve it.

Kapitel 20

Das Gesetz der Anziehung.

Hast du schon einmal davon gehört? Sicherlich. Das, was du durch Gedanken und Worte ins Universum sendest, bekommst du zurück.

„Du wirst zu deinen Gedanken", das hast du vielleicht schon einmal gehört.

Wenn du das Buch oder den Film „The Secret" noch nicht gelesen bzw. gesehen hast, dann hast du noch ein großes Erlebnis zugute. Du musst dieses Buch lesen oder den Film sehen, um das Gesetz der Anziehung zu verstehen.

Hast du negativen Gedanken und denkst, dass du keinen Erfolg haben wirst, dann wird das Universum dich in deiner Haltung unterstützen.

Wenn du nicht an dich selbst glaubst, wird das Universum dich in dieser Annehmung unterstützen.

Wenn du nicht daran glaubst, ein eigenes Team aufbauen zu können und wirtschaftlich unabhängig werden zu können, dann wird das Universum dich auch darin unterstützen.

Es ist also außerordentlich wichtig, dass du Kontrolle über deine Gedanken bekommst. Das erfordert viel Übung, viel Training.

Wenn du „The Secret" gesehen oder gelesen hast, dann schreib deine Gedanken zu dem Film hier auf.

_____

_____

Denk daran, dass das Gehirn Wiederholungen liebt, also guck dir den Film gerne ein paar Mal an.

Das habe ich eine Zeitlang getan und immer noch gucke ich den Film mindestens einmal im Monat. Jedes Mal nehme ich etwas Neues wahr.

„Wiederholung" ist das Schlüsselwort zum Erfolg und zum Verständnis.

Leider geben hier viele Menschen auf, da sie meinen, es sei genug, Dinge einmal zu sehen, einmal zu tun. Das trifft meiner Erfahrung nach aber in keiner Weise zu.

Es braucht eine Vielzahl von Wiederholungen, bis dein Gehirn sich an alles erinnern kann. Das Gehirn vergisst 70% dessen, was es in den letzten 24 Stunden gesehen oder gehört hat.

Es sei denn, du handelst danach, wenn du etwas gesehen oder gehört hast. Darum ist es wichtig, Dinge aufzuschreiben, wenn du z.B. bei einem Vortrag warst. Lies deine Notizen durch, schreib sie eventuell sogar noch einmal sauber ab.

Du weißt es ja eigentlich genau. Um festere Armmuskeln oder Pobacken zu bekommen, bedarf es einer Vielzahl von Wiederholungen. Das Gleiche gilt auch für den Erfolg.

Tony Robbins stand bei seinem ersten Vortrag und Workshop nicht gleich vor 50.000 Menschen. Es bedurfte fast unzähliger Wiederholungen, bevor er dorthin gelangte. Das gilt genauso für dich und deinen Erfolg.

Einige wenigen Menschen landen sofort einen Treffer, das habe ich auch erlebt. Aber bei den meisten bedarf es einer Vielzahl von Wiederholungen, bevor es gelingt.

Um den schwarzen Gürtel in Karate zu bekommen, muss man die gleichen Übungen unzählige Male wiederholen. Der Grund dafür, dass viele den schwarzen Gürtel nicht bekommen, liegt darin, dass sie so vertraut mit den Übungen werden, dass sie sich langweilen und etwas Neues lernen wollen. Es ist vollkommen normal, dass das menschliche Gehirn etwas Neues lernen will. Wenn du aber den schwarzen Gürtel haben möchtest, ist es nicht genug, vertraut mit den Übungen zu sei, du musst sie völlig beherrschen, Experte im Ausüben dieser Übungen werden.

Also bedarf es einer Vielzahl von Wiederholungen.

DENK daran, auch Rom wurde nicht an einem Tage erbaut. Es bedurfte einer Vielzahl von Steinen, bevor es zu der wunderschönen Stadt von heute wurde.

Dank daran, wenn dich Gedanken wie „Jetzt habe ich immer wieder das Gleiche getan, zum 1000sten Mal und immer noch keinen Erfolg" erreichen, dann heißt das keinesfalls, dass du den Kurs ändern musst, es bedeutet nur, dass es noch vieler weiterer Wiederholungen bedarf.

Das ist das Geheimnis, warum erfolgreiche Menschen Erfolg haben, sie geben nicht auf. Das sieht man nicht immer so deutlich an der Oberfläche, manchmal denkt man, der Erfolg sei ihnen regelrecht vor die Füße gefallen, aber ich schwöre dir, dass dem nicht so ist.

Es dauerte viele Jahre, bevor Sylvester Stalone Erfolg hatte, hör dir seine Geschichte auf youtube an. Sie ist außerordentlich inspirierend. Hier sieht man einen Mann, der NIE seinen Traum aufgegeben hat. Er hat nicht aufgegeben, weil er Erfolg haben WOLLTE.

Hör dir die Geschichten dieser Menschen an, wie sie dorthin gekommen sind, wo sie heute stehen.

Z.B. Oprah, Arnold Schwarzenegger, Tony Robbins, Eric Worre, Jim Rohn und viele andere.

Hör dir ihre Geschichten an, so oft wie möglich.

Auch hier geht es um Wiederholungen. Denk auch daran, täglich zu meditieren, täglich motivierende Reden zu hören und lies immer wieder auch in diesem Buch, da das Gehirn jedes Mal etwas Neues lernt.

Der große Unterschied besteht darin, dass du etwas tust und nicht nur daran denkst, etwas zu tun. Genau aus diesem Grund haben erfolgreiche Menschen Erfolg. Sie tun jeden Tag etwas, um Erfolg zu bekommen, um ihr Mindset weiterzuentwickeln. TÄGLICH! Sie stehen früh auf, machen regelmäßig Sport und wiederholen ihre Rutinen, TÄGLICH.

Ich jogge jeden zweiten Tag. Ich würde es täglich tun, wenn meine Muskeln nicht ab und zu restituieren müssten.

Ich höre mir täglich Reden oder Vorträge bei Youtube an.

Ich lese monatlich mindestens ein Buch.

Ich arbeite täglich an meinem Mindset.

Ich meditiere täglich.

Ich arbeite täglich an meinem Geschäft.

Ich arbeite täglich an meinem Traum. Ich spüre meine Ziele noch bevor ich sie erreicht habe. So glaube ich fest daran, dass das Universum denkt: „Ach, du willst dein Ziel erreichen, das sollst du auch."

Und ich bin dankbar für alles, was ich bereits in meinem Leben habe. Habe ich einen selbständigen Vertriebspartner, der überaus aktiv ist, dann freue ich mich darüber, anstatt zu denken, dass mir weitere Vertriebspartner fehlen.

Wenn wir dankbar für das sind, was wir bereits haben, bekommen wir mehr. Daran glaube ich ganz fest. Vielleicht tust du es auch. Das hoffe ich, denn es funktioniert.

Dank daran, immer wieder „The Secret" zu sehen.

Thoughts become things.

If you see it in your mind, you will hold it in your hand.

Bob Proctor

Kapitel 21

Telefonate zu dritt.

Wenn du einen selbständigen Vertreter hast, der eine Person gefunden hat, die auch gerne in die Firma einsteigen oder zumindest über die Firma Informationen haben möchte, nimmst du Kontakt mit der Person auf, durch die du in die Firma gekommen bist. Ihr benutzt dann diese technische Möglichkeit, mehrere bei einem Telefonat oder Videotelefonat sein zu können.

Das funktioniert sehr gut. Ich benutze dazu die Plattform zoom.us. Das ist kostenlos und du kannst an deinem Computer, Ipad oder Telefon sitzen und mit anderen reden, während die Kamera auch an ist. Du kannst auch Facetime oder Skype benutzen.

Wenn wir dann alle drei dasitzen, lerne ich auch die Person, die auch in das Geschäft einsteigen möchte, kennen und somit wird eine Relation zwischen uns drei geschaffen. Warum das eine Bedeutung hat?

Die Person kann sehen, dass man nicht allein ist und dass es auch woanders Hilfe gibt, beides schafft Vertrauen.

Die Person, die du mit ins Geschäft gebracht hat, hat ein Netzwerk, mit dem du auch zu arbeiten beginnen sollst. So fährt man in jedem neuen Netzwerk fort.

Wenn du dich selbst dafür gewappnet fühlst, andere Personen in das Geschäft zu bringen, dann machst du nach wie vor Telefonate zu dritt mit deiner Upline, egal wie tüchtig du bist. Denn es schafft Vertrauen bei der neuen Person.

Diese Onlinemeetings sollten nicht mehr als 15-20 Minuten dauern. Viele meinen, diese Branche würde einem Zeit stehlen und indem man zeigt, dass es nicht stundenlang dauern muss, um Informationen weiterzugeben, setzt man ein deutliches Signal, dass es nicht einer Vielzahl von Stunden benötigt, um Informationen zu bekommen.

Ich benutzte dieses Werkzeug sehr häufig.

Ein großer Prozentanteil der Personen, die an so einem Telefonat teilgenommen haben, entschließen sich anschließend dazu, auch in die Firma einzusteigen. Sollte ich spüren, dass sie nicht so begeistert und vielleicht sogar abweisend sind, dann frage ich:

„Auf einer Skala von 1-10, wo 10 bedeutet, klar zu sein, wo liegst du da?" Dann antworten sie vielleicht mit 7 oder 8. Und dann frage ich wiederum, was passieren muss, damit sie sich auf einer 10 zu sein fühlen.

Auf diese Weise bekommst du ein Gespür dafür, wo die Person sich gerade befindet, ob die Person bereit ist, keine Zeit hat, nicht an sich selbst glaubt, kein Geld dafür hat oder einfach keine Lust hat.

So weißt du auch, ob es Sinn macht, weiter daraufhin zu arbeiten, dass die Person mit in das Geschäft einsteigt oder ob es verschwendete Zeit ist.

Denk daran, es hat sehr viel mit Timing zu tun. Vielleicht fehlt es der Person aufgrund von kleinen Kindern wirklich an Zeit, vielleicht sieht es in einem Jahr ganz anders aus.

Es liegt oft am falschen Timing, dass Leute „nein" sagen.

Don´t take the why, why, why-class.

Jim Rohn

Kapitel 22

Feel-felt-found.

Eine richtig gute Antworttechnik auf Fragen, die eine Begrenzung des Geschäftes enthalten. Eine Technik, die Menschen eigentlich darin bestätigt, recht zu haben, wo ich aber zum Abschluss sage, dass ich noch etwas ganz Anderes bemerkt habe.

Wenn die Person also sagt: "Oh nein, dann muss ich täglich ganz viel Zeit dafür verwenden. Zeit, die ich gar nicht habe." Worauf ich antworte:

Erst FEEL: „Ich weiß, was du fühlst", dann FELT: „So ging es mir auch, als ich das erste Mal davon hörte, aber",

und dann FOUND: „Ich habe herausgefunden, dass ich täglich nur 1-2 Stunden brauche. Diese Zeit habe ich vorher dazu benutzt, völlig gleichgültige Dinge im Fernsehen zu sehen."

Kannst du mir folgen? Erst erkennst du das Gefühl an (feel), erkennst es wieder, hattest es auch (felt) und dann hast du etwas rausgefunden (found).

Das ist eine fantastische Technik. Die Personen fallen zur Ruhe, bekommen mehr Vertrauen zu dir, vielleicht noch mehr, als sie eh schon hatten.

Diese Technik kannst du auch in Bezug auf die Pyramidenspielantwort benutzen.

„Oh nein, das ist ja so eine Pyramidenspielfirma, das will ich nicht."

Du kannst antworten:

„Ich weiß, was du meinst, das dachte ich anfangs auch, aber nun habe ich herausgefunden, dass es sich keineswegs so verhält."

Probiere es aus, es funktioniert sehr gut.

Denk daran, dass DU eine Chance anbietest und wenn die Person diese Chance nicht wahrnehmen will, warum auch immer, dann ist es ihre eigene Wahl.

Pass auf damit, dass du nicht zu viel Energie dafür verschwendest, darüber nachzudenken, warum Personen „nein" gesagt haben, wo sie sich doch ständig über ihre Arbeit, ihre eigene Situation beschweren.

„Don´t take the why, why, why-class", sagt Jim Rohn.

Wir müssen nicht verstehen, warum die Personen „nein" sagen, sondern auf ihre Fragen antworten und eventuell sogar ihre Bedenken, z.B. mit der Technik FEEL, FELT, FOUND.

Es ist viel sinnvoller, Zeit für die Personen zu verwenden, die sich selbst an einen wenden, einen anrufen und sagen: „Ich bin bereit."

Diese Menschen haben bereits eine Entscheidung getroffen und wollen das Geschäft. Von denen möchte ich lieber 3 haben als 10 von den anderen, für die ich viel Zeit und Energie investieren muss, um sie davon zu überzeugen, was gut für sie ist.

Manchmal versuche ich auch, Personen davon abzuhalten, in das Geschäft einzusteigen. So etwas wie: „Nein, dass ich sicherlich nicht nichts für dich, denn wir treffen uns zwei Mal im Monat."

Oder: „Nein, nein, das ist nichts für dich, du musst wissen, dass du oft „nein" hören wirst und dass es ein sehr langer Weg sein kann, Personen zu finden, die „ja" sagen."

Das sage ich, um zu gucken, ob die Person aktiv Stellung zu den verschiedenen Bereichen genommen hat. Ich lasse nicht mehr alle in mein Geschäft einsteigen. Das habe ich mal getan. Mit dem Wissen, dass in dem Netzwerk der Person eine Person sein könnte, die mit dem Verkauf völlig Amok gehen könnte, ist es natürlich schwer, nicht alle in sein Geschäft einsteigen zu lassen.

Personen, die von selbst kommen und sagen, dass sie miteinsteigen wollen, bekommen natürlich kein „nein" von mir. Aber ich frage sie verschiedene Dinge.

Früher sagte ich mal, dass es nicht viel fordere, nur etwas Zeit. Heute hingegen wünsche ich mir, mit den Menschen zusammenzuarbeiten, die das Geschäft priorisieren und täglich damit arbeiten wollen. Ich erwähne auch, dass es eine gute Idee ist, an Events, Online Arrangements etc. teilzunehmen.

Alle sollen wissen, dass man nicht schlafend dazu kommt, extra Geld zu verdienen, sondern dass man Zeit und Energie aufbringen muss, um 1500 Euro extra im Monat zu verdienen und dass man täglich mit dem Geschäft und seinem Mindset arbeiten muss.

Nimm an allem teil, wozu du die Möglichkeit hast.

Das gibt dir neues Wissen und stärkt somit dein Geschäft.

Kapitel 23

Nimm teil.

Es ist unglaublich wichtig, so oft wie nur möglich teilzunehmen an verschiedenen Events und Arrangements. Es ist eine andere Art der Ausbildung, um die Branche kennenzulernen, um neues Wissen zu erlangen und Methoden kennenzulernen.

Auch um der Gemeinschaft willen ist es wichtig, dass du teilnimmst. „Es kostet viel Geld, nach England oder die USA zu reisen", ist oft eine Entschuldigung, um nicht teilzunehmen.

Hättest du eine Klinik eröffnet, hättest du annoncieren müssen, um darum aufmerksam zu machen, dass es dich gibt und was du anbieten kannst. So eine Annonce kostet selten weniger als 1000 Euro. Dazu kommen feste Ausgaben, um die Klinik führen zu können.

Im Network Marketing kostet es selten mehr als 150 Euro, in ein Geschäft einzusteigen. Und dann ist alles für einen bereit. Internetseiten, Warenlager, Kundenservice, Kollegen etc.

Außerdem ist es kostenlos, bei Facebook zu sein und es völlig kostenlos, das wichtigste Werkzeug dieser Branche zu benutzen, deine Stimme.

Rede mit den Menschen, sei ehrlich und aufrichtig, hilf ihnen, frag in der 3.Person, nimm an Workshops teil, nimm an Vorträgen teil, wo du neue Menschen kennenlernst.

Wir tragen eine große Verantwortung in dieser Branche.

Lasst uns gut auf einander und auf die Branche achtgeben, für jetzt und immer.

Camille Hammerich

Kapitel 24

Viel Spaß bei der Arbeit.

Ich hoffe inständig, du sitzt nun mit einem Gefühl da, dass du die Branche nun kennengelernt hast, und wenn du sie schon vorher kanntest, sie nun noch ein wenig besser kennst. Und hoffentlich hast du nun auch das Gefühl, nützliche Werkzeuge bekommen zu haben, die dir dabei helfen werden, dein Geschäft dorthin zu bringen, wo du es haben willst.

Die Branche ist gekommen, um zu bleiben und ich glaube, dass die Branche in den nächsten 5 Jahren enormen Zuwachs erhalten wird. Immer mehr Firmen werden diese Branche wählen, um ihr Produkt an den Verbraucher zu bringen.

Wir, die in dieser Branche arbeiten, haben eine große Verantwortung. Wir müssen es ordentlich tun, indem wir Respekt vor der Branche und vor einander haben. Denk daran, dass die meisten von uns in dieser Branche beginnen, weil sie davon träumen, mehr Geld zwischen den Fingern zu haben und ein Traum von Gemeinschaft und Zuspruch.

Es liegt in unserer Verantwortung, dass die Leute, die in diese Branche einsteigen, gut darauf vorbereitet werden, in dieser Branche arbeiten zu können. Dass man ihnen offen und ehrlich gesagt hat, dass das Geld nicht von allein ins Rollen kommen. Je mehr Geld du verdienen möchtest, umso mehr Zeit musst du investieren.

Es ist eine Gemeinschaft, aber jeder einzelne hat auch eine Verantwortung dafür, ein Teil dieser Gemeinschaft zu sein. Es beinhaltet eine große Arbeit, es ist eine Art Ausbildung und nicht einfach nur irgendetwas, womit man sich täglich eine halbe Stunde lang beschäftigt. Es kostet Energie und Zeit, um in dieser Branche Erfolg zu haben und auch Rom wurde nicht an einem Tag erbaut.

Lass uns zusammen gut auf diese Branche achtgeben.

Ganz viel Glück und Liebe wünsche ich dir auf deinem Weg.

Camille

© 2019 - Camille Hammerich

„Lebe deine Träume

Was ist Networkmarketing

und wie erreicht man Erfolge?"

Vom Dänischen ins Deutsche übersetzt von Lone Abrahamsen Frantzoulis

ISBN 9-788743-011125

Foto: privat

Zitate: Sofern nicht anders angegeben, unbekant

Web: camillehammerich.com

FB: facebook.com/camillehammerich

Herstellung und Verlag: BoD – Books on Demand, Norderstedt